栗山筆記

一生受用的經典閱讀法

前WBC日本隊總教練
栗山英樹 著
張智淵 譯

"世界一"

全ての人の思いが力となり、形になりました。

本当にありがとうございました。

そんな感謝の思いを一冊の本にまとめてみました。

栗山英樹

「世界第一」

所有人的心情化為力量，具體成形。

真的十分感謝。

我將這份感謝之情，

彙整於一本書中。

栗山英樹

世界の銘醸地と
一流ワインの知識が
これ一冊で身につく

給台灣讀者的話

當為了獲得王柏融選手而造訪台灣時，
我深切感受到大家對他的熱愛。
就像看待大谷翔平選手般，
我們將他視為棒球界的至寶，悉心照顧。

坦白說，
王柏融是一位能有更多打擊表現的選手，
但是我遲遲無法讓他發揮實力，
如今依然對此感到愧疚，
今後也會心懷愧疚，繼續努力下去。

總之，我在棒球上還有許多事有待學習，
棒球帶給我許多感動，今後必須日復一日地累積努力。
我相信這會改變一切。

希望透過本書，
讓各位重溫經典的美好，
對棒球產生感動，
感受到邁向明天的希望。

我認為，棒球今後並非以國家這個小單位、
而是必須以亞洲或歐洲這種大單位發展。
它必須在整個亞洲發展。

若非如此，棒球將無法在體育界存活，

我想借助各位台灣朋友的力量，一起帶動棒球風氣。

希望各位能將本書善用於每一天。

謝謝大家。

栗山英樹

目錄

第二章　逆境

第三章　毫不猶豫

第四章　堅信不疑

第五章　共同

前言

我有一個不知持續了幾年的習慣。

那就是寫棒球筆記。

我從小學一年級開始打棒球；兄長比我大三歲，是球隊的一員，我的父親是教練。

小學時，我會寫下當天的練習清單、圖解好奇的打球方式。我想，這麼做有助於幫助自己整理表現良好和發生失誤的比賽。

從國中到高中、從高中到大學，持續打棒球的過程中，我面對筆記的心情逐漸改變。凝視自己打球方式的觀點，加入了「球隊為了獲勝，該怎麼做才好？」的想法。

在以測試生的身分，加入東京養樂多燕子隊之後，球隊至上的心情愈來愈堅定。我不是在日本職棒選秀會上被指名、被期待具備即戰力的選手。我在「棒球」這個世界的階級制度中，是最底層的人。正因如此，我必須強烈意識到：自己要成為能對球隊獲勝有所貢獻的人。

我習慣在練習後或比賽後翻開筆記本，但是有些日子也沒寫。或許應該說是寫不出來。

有些日子無法消化排山倒海而來的懊悔——無法按照總教練的目標打球、未能掌握得分機會、沒打出安打而退場、犯下造成失分的疏失……無法整理自己的打球方式，因而無法執筆。

二〇一二年就任北海道日本火腿鬥士隊[1]的總教練後，我從系列賽前的集訓起，一定會打開筆記本。那一天行程全部結束的夜晚，在自己房間執筆。感覺像是在寫日記。

無論是練習或比賽，會發生各種事情。像是我本身察覺到的事、選手

1 本書以下全部簡稱「火腿隊」。

和工作人員讓我意識到的事，真的很多。也就是說，該寫的事很多。

但是，有時候即使打開筆記本，我也未能馬上動筆，而是一直盯著空白的頁面，或者抬頭仰望房間的天花板。

我對於身為總教練的自己，感到一種無法言喻的缺失。我無法讓球隊獲勝。即使能讓球隊獲勝，我也讓選手們吃了過多的苦。

有許多反省事項，所以我會一一先寫下來。有時候，儘管思緒因書寫而得到整理，但是在理想與現實的狹縫搖擺的心情依舊沒有平息，赫然回神，窗外魚肚白。

我不止一、兩次對自己的無力感到絕望。說不定球隊會在今後的比賽中，陷入連敗的深淵？負面的想像沒完沒了，甚至感到難以喘息。

我在反覆鑽牛角尖、痛苦掙扎、建構思緒，然後崩壞、再次建構的過程中，另一個自己在心中站了起來。他一開始只是語帶保留地呢喃，之後逐漸勇敢地提高音量：

喂——栗山，你在煩惱什麼？

在煩惱之前，你做了所有能做的事嗎？

你能抬頭挺胸地說，你已經盡了所有努力嗎？

話說回來，你不是棒球領域的菁英吧？

你之所以能夠擔任火腿隊的總教練，也是因為有許多人的關心和支持。你能做的唯有感謝，將自己的人生獻給棒球。認為自己被棒球折磨，簡直不知天高地厚！

你要更加努力，更加加油！

你要更加為了選手貢獻力量，更加為了工作人員犧牲奉獻！

你要更加為了球迷奉獻心力，更加為了別人鞠躬盡瘁——另一個我如此斥責低頭的我。

原來如此，我明白了。

我過去或許是透過謙虛地自我反省，安慰自己。

我身為職棒選手的資歷不長，實際工作才七年。就野手而言，我也不曾寫下打擊率三成的一流紀錄；我只得過一次頒發給守備力優秀選手的金手套獎，它是我身為選手的小小勳章。

卸下職棒選手的身分後，我身為體育主播，活躍於體壇。在火腿隊供職前，我並沒有擔任教練的現場經驗。做為一個沒有指導成績的人，我被選為這支球隊的領導者。

沒錯，我不能原地踏步，必須隨時前進，持續學習。

在意識到自己應該身處的立場後，我以古今中外的經典為主，努力讀書。

身為總教練、身為夥伴、身為人，我在球隊內該如何行動？當我將自己的閱讀歷程與記錄棒球的筆記本並列時，想到了我不該只以棒球的常識，去解讀棒球。

職棒是站在國內巔峰的選手們交鋒的舞台。每個人的技術高度、球隊擬定的戰術和戰略，會成為左右勝敗的重要元素。只不過，打球的是選手，亦即「人」。最重要的是，總教練以下的所有工作人員和選手基於相同的向量，團結一心，朝共同的目標奮勇前進。

提升做為職棒球隊水準的同時，能打造堪稱「無言的紐帶」，也就是感情連結的團隊。我覺得費盡心思，驅動選手的心，讓他們團結一致，就是我的工作。

我的棒球筆記寫滿了從「四書」、「五經」等經典和經營者著作中摘錄的名言。每當我開始思考如何接受那一天發生的事，腦海中就會浮現古今中外的先人和偉人留下的金句。與其說是棒球筆記，或許不如說是人生筆記。

有一位編輯提到這本筆記時說道：「不妨取名為栗山筆記，以那本筆記為基礎，將總教練的人生觀重新彙整為一本書。」我接受了他的提議。

無論身為棒球人或一個人，我一事無成，是否可以寫書？這個疑問在我心中揮之不去。事到如今，我也想斥責自己，像你這種人寫的書，足以供人參考嗎？你憑什麼自以為了不起？

或許不足以供一千人參考。不過，我相信我的經驗起碼對一、兩個人有幫助，於是下定決心，不再猶豫地提筆書寫。因為重要的不是身邊的人怎麼想，而是我自己要怎麼活。

創作過許多知名電視劇和電影的劇作家——倉本聰建議我：「在人生中，不該站在批判的一方，而是該站在被批判的一方。」被批評的一方，扮演的是創作或引發事件的角色。我負責建立一個能夠取得勝利的團體，同樣也會面臨批評；而批評的一方，則是在作品創作或事件發生之後、對其提出意見。

我本身對於站在「打造事物」的立場，感到充實。我是感到價值、能夠努力的那種人。

我在意的不是當下這一瞬間，或者五年後、十年後，而是五十年後世人如何評價總教練這份工作。歷史上的人物也未必會在有生之年，受到世人評價。儘管如此，為了將自己生活的小圈子、自己生活的國家，甚至是這個世界變得富足，我一步一腳印地揮汗努力，用盡勇氣和智慧，持續燃燒人生的火焰。將挫折化為動能，從失敗中獲得力量。

我也為了讓自己前進而翻閱書本，並且撰寫這本書。我讓每一個字深深地烙印在腦海中，注入自己的熱情。

這本書是否對各位有幫助，不是由我判斷。我基於此信念，獻上本書。

序章

筆記中的金玉良言
賦予我們勇氣與希望

二〇一二年，我開始身為火腿隊的總教練。

當時我從時任球隊統轄本部長的吉村浩總經理處收到邀請時，我說不出話來。

我二十九歲卸下職棒選手的身分，在那之前，過著可說是一心打棒球的人生。卸下職棒選手的身分後，無論選擇哪種工作，我身為社會人士的知識量都明顯不足。考量到要成為獨當一面的人，少不了學習的時間，我踏入了媒體的世界。

從報導的一方看棒球，讓我察覺到許多事情。

就總教練而言，被稱為「名將」或「智將」的總教練們有一個共通點，那就是從經驗裡學到了很多。我能夠切身感覺到身為選手的成績、身為總教練的資歷吸引了選手們的心，形成堪稱領袖魅力的存在感。

相較之下，我沒有留下任誰都一目瞭然的成果。

一九八四年至一九九〇年這七年，我隸屬於東京養樂多燕子隊，球隊沒有獲得聯盟冠軍。身旁的選手有人獲得全壘打王、勝投王、新人王等個人頭銜，而我本身僅獲得一次金手套獎，選手生命就畫下了句點。若要將身為職棒選手的每一天，彙整於履歷表，我幾乎找不到能寫在自我推薦欄中的內容。

這樣的我要成為總教練？我無法馬上回應。雖然我說不出話來，但是拒絕的話語在腦海中多如過江之鯽。

我無法打破沉默，吉村總經理對我說：

「栗山先生，你拚命熱愛棒球就行了。」

若問什麼是老天保佑，恐怕正是此時此刻。在那之前，我始終站在黑暗中，但我感覺自己的腦海中似乎亮起了一盞明燈。

吉村總經理和其他的球團員工，肯定知道我身為棒球人的經歷不足。儘管如此，火腿隊仍然給我機會，或許是肯定了我至今對棒球投注的熱情。

熱愛棒球的心情，徹底貫穿了我的身體。我心想，如果對棒球的愛正是火腿隊總教練必備的首要條件，我或許可以毫不畏怯地一頭栽進去。

在孔子弟子編撰的中國儒家基本文獻《論語》中，有一句話是「死而後已」。它的意思是持續做自己該做的事，至死方休。

二〇〇二年九月，我在北海道夕張郡栗山町，打造了「栗樹農場」（栗の樹ファーム）。它是一處兼具天然草皮棒球場和練習場的設施，我同時決定在附近興建自己的家。

我身為體育主播，遠赴美國的大聯盟採訪，那裡有天然草皮的球場，它的鮮豔色彩、肌膚觸感、氣味，深深吸引了我的心。我想讓日本的孩子們也能在綠意盎然的球場上，盡情享受打棒球的樂趣。我想盡一己之力，讓棒球做為文化，在我們的生活中扎根。我以這種想法為出發點，總覺得栗樹農場也將我帶向了火腿隊的總教練一職。彷彿是棒球之神對我說：「我再給你一次打棒球的機會。」

為我實現夢想、將根據地設在北海道的球隊總經理說：「我希望你拚命熱愛棒球」，給了我就任總教練的工作邀約。這已是「天命」，我下定了決心，接下自己人生中最後的重大工作，這不是為了自己，而是為了別人竭盡所能。

毫無理想的現實主義，無法吸引選手們的心。

不切實際的理想主義，也難以抓住選手們的心。

如何昇華理想與現實之間的二極對立、並領導一支職棒球隊？那正是身為總教練的命題，就任第一年，我以「總之試試看」、「全力以赴吧」的心情面對。我留意不要想太多。

如果只看成績，就任第一年或許不能說是成功——以第一名的成績，打完太平洋聯盟比賽，也在聯盟前幾名球隊參賽的高潮系列賽中奪冠，面臨和讀賣巨人隊對戰的日本大賽（Nippon Series）。遺憾的是，火腿隊無法成為日本第一，但是新人總教練善盡了最起碼的責任，或許身邊的人鬆了一口氣。

然而，我本身受到自我厭惡折磨。

獲勝的比賽是因為選手們的努力，輸掉的比賽是因為我的能力不足。

儘管以任何人的標準來看，都沒有明顯的執教失誤，但是有幾個局面會被專家冷言嘲諷為「經驗不足」。

果然，隔年二〇一三年系列賽淪為最後一名。

理由包括上一個系列賽之前的主力選手轉隊、核心選手受傷等。然而，原本第一名的球隊變成第六名，應該有更根本的問題。總之，就是我的能力不足。

我既沒有過度自信，也沒有驕傲自大，總是全力面對比賽。我自認為投注了全力，但棒球是相對的運動。火腿隊以最後一名收場，代表我該認為在太平洋聯盟六支球隊的總教練中，自己只盡了第六名的努力。邁向我認為的勝利劇本，難道不是一堆漏洞嗎？

就任第三年，邁入二〇一四年系列賽時，我深感自我改革的必要性。在二〇一三年的系列賽結束後，做為能夠馬上著手的改革，我望向自家的書櫃。

從學生時代起，我就喜歡看書。成為火腿隊的總教練之後，總感覺自己經常向「領導者論」和「組織論」等類型的商業書尋求啟發。那些書會引用經營者和企業家的話。在閱讀那些書的過程中，我察覺了被稱為「成功者」的共通點。

他們都接觸經典。我意識到「四書」、「五經」、《論語》、《易經》、《韓非子》等經典的教誨，跨越時代，具備典型的普世價值。

這些經典寫於沒有電視、行動電話、網路的幾千年前，成為活在現代的我們的指南——這種事實令人驚歎，該如何用言語來表達才好?!

《論語》中，有一句話是「君子求諸己，小人求諸人」。

具有君子品行者做事遇到問題時，認為自己必須負責。而以自我為中心的人，則會將責任推卸到別人身上。這種解讀應該恰當吧。

不將輸球的責任推卸到選手身上。不把疏失推到選手頭上。這些是我從就任總教練起，做為行為準則之事，重讀《論語》的這句話時，內心湧現了對自己的疑問。

你真的相信選手嗎?你希望選手感受勝利的喜悅嗎?二〇一三系列賽時，自己是否不知不覺地將責任推卸給某人?

我將心中在意的話，一字不漏地寫在筆記本上。寫下來之後重讀，再寫下來再重讀。

我在火腿隊的主場——札幌巨蛋的總教練室、在遠征地的飯店，忘卻時光流逝地面對筆記本的過程中，漸漸覺得我感受到的痛苦其實微不足道，甚至稱不上痛苦。先人的名言成為水和肥料，滋潤了我乾涸的心。

澀澤榮一被稱為日本的資本主義之父，他說：「若是一切流於形式，精神就會變得匱乏。凡事日新又新這種心態很重要。」過去的成功案例當然該做為參考，但是我們不應該無條件地認為「去年之前都這樣，所以今年也這麼做吧」，從不同的角度來解決問題也很重要。

澀澤的著作《論語與算盤》，被我翻閱到書本的邊角都磨圓了。而每當我翻開書本，就會拍膝大喊「原來如此！」，恍然大悟。依據每次看書時的精神狀態，心領神會的方式也會有所不同。於是，我又將澀澤的名言寫在筆記本上，一再書寫在意的名言。一寫再寫，彷彿要讓它融入血液、植入細胞。

系列賽中的職棒，基本上一週有六天比賽，沒有比賽的日子則做為移動日。我率領火腿隊，比賽時腦袋全速運轉。在戰況時時刻刻改變的過程中，不斷思考下一步。

幾乎沒有比賽會如同預料進行。指揮接連成功的比賽也是例外。能夠對比賽的內容和進展感到由衷滿足的勝利，在一個系列賽中可能只有幾場……

我總是假設預料之外的情形，瞬間下判斷的攻防一結束，緊貼全身上下的疲勞襲來。在輸球的比賽後，無法讓選手們的努力化為勝利果實的不甘心和懊悔以及對自己的憤怒，彷彿刺一般扎入全身。

我不會想馬上拿出筆記本。然而，比賽剛結束的真摯情感，是毫無虛假的內心吶喊。哪怕是隻字片語，想說的話也會直接浮上心頭。因此我根據經驗，知道盡早下筆比較好。如果無法寫出自己的所有心情，隔一段時間再補充就好。

我坐在桌前，打開筆記本，將充滿全身的激情融入氣息，緩緩吐出。

情緒性的思緒變得理性，慢慢動筆。

這並不是要給誰看，所以也有些日子是字跡潦草地亂寫。第一行寫日期和那一天的比賽結果，輸球的比賽後，文字往往變成鬼畫符。我的字原本就不漂亮，有時候甚至難以重讀。

不過話說回來，我為何寫筆記？

《論語》中，有一句教誨是「性相近，習相遠」。它的意思是，人的性情氣質在出生時相去不遠，但是因日後的習慣和教育，差異逐漸變大。學無止境，若不持續學習，就不會成長。我想，成長不是為了讓自己心情愉悅地度日，或者滿足物欲、控制欲，而是為了增加自己身邊人們的笑容。

從那一天的比賽和與人交流，感覺到什麼，採取了何種行動？那是否按照我們的行為指南——先人們的名言？不止一天，而是持續兩天、三天、十天，我想要累積反省，讓自己成長。

我是個軟弱的人。小時候是個任性的次男，之所以開始打棒球，是因為父親對我說「我要讓你學會忍耐」。

如今長大成人，我也只是將「今天無法完成這件事，所以明天該這麼做吧」留存在心中，而未付諸執行。將「忙碌」或「沒時間」當作藉口，不禁縱容了自己。為了避免如此，我寫在筆記本上，回顧一天，重讀再反省。

將自己的想法寫在筆記本上的行為，會客觀看待自己如何接觸身邊的人。

我們人無法獨自活下去。無論是平常的生活或工作，我們都和家人、朋友、前輩、同事，以及不知姓名的鄰居等往來。回顧一天，是回想和他人之間交流方式的時間，有助於看到他人的好、意識到自己的不足之處，也會重新確認「虛心坦懷」的心態，毫無芥蒂地聆聽別人的話。

在中國古代歷史書《尚書》中，有一句話是「時不可失」。它的意思是不可錯失良機，但將這些話寫在筆記本上，意味著審視自己的行動並提取問題。換句話說，也可以理解為為即將到來的「時機」做準備。

目前為止，我寫了幾本書，這次是第一次基於筆記本寫作。活用筆記本寫書，意味著不止一次地向編輯展示它們。這實在令我難為情，躊躇的心情在腦海中盤旋不去。

即使現在這本書即將出版，羞怯之情也沒有消失。我不僅僅是將那些留名於世界和日本歷史的人們的話語、按照自己的解釋來運用，而且還將其應用於我的日常生活中，這讓我感覺有些厚顏無恥。我的表情逐漸變得嚴肅。

隨著社交媒體的發展，訊息以光速傳播、擴散和增生。我們生活的社會既便利又有些侷促，有時也讓人感到窘迫。與其說事事順利，不如說事事都不盡人意。

確實如此，做為活躍在職業棒球這個人類社會縮影中的一員，我或許可以思考著，何時何地會接觸到哪些話語，以及如何激勵自己，然後將這些經歷廣泛傳播出去，這或許也具有意義。

語言這種東西會實現多種表達方式，它同時含有許多模糊之處，要運用自如，非常困難。

由於我仍學有不足，讀者們對各個佳句的解釋可能抱持疑問。但我認為這很好，是很正常的事情。

它們不全是人盡皆知的名言，也許有些是鮮為人知的金句。但如果有一件事讓我能夠肯定地說：那就是每一句話，都能激發勇氣和希望。

在草木生機蓬勃地發芽的春季；

在藍天下，內心解放的夏季；

在蟲鳴聲帶來涼意，楓紅美麗的秋季；

在寒冷刺骨，但是內心溫暖的冬季。

不妨在四季不同的各種景色下，翻閱本書。

我按照「泰然」、「逆境」、「毫不猶豫」、「堅信不疑」、「共同」這五個主題，整理名言，可以從任何一個主題看起，也可以從隨手翻開處看起。不必受限於讀書的固定模式，敬請依照個人喜好閱讀。

願各位的人生變得更加富足，身邊開滿朵朵笑靨。

第一章

泰然

我希望可以擁有一顆無論面對什麼事情，都能堅定不移的心。然而，實際上並不容易做到。在日常的各種場合中，心中經常存在著動搖的原因。

明明認為自己已經做好了充分準備，但事實上卻未能如願以償；明明事先提供了建議，但下屬（或孩子）卻未能按照預期行動；明明自己努力付出，為什麼對方不給予回應？當我們陷入這樣的情況時，想保持冷靜變得十分困難。

為何……？抱持這種疑問之前，我會站在對方的立場。

無論是做為積累了社會經驗的商人，還是尚未入學的小學生，我都不希望看到身邊的人或重要的人發怒的模樣。我希望能夠分享成功的經歷，例如「做得很好」或者「進展順利」。

倘若如此，做不到就必然有做不到的原因。

對方如果好好說明理由，應該就能找到不重蹈覆轍的解決方法。然而，一旦我們皺著眉頭問「為什麼……」，在年齡和地位不同的關係中，本來就難以坦率地交換意見。對話陷入停滯狀態，無法繼續前進。心靈依舊未能相互理解。

我所理解的「泰然」，是不讓對方感到不耐煩。為了打開意願表達的鑰匙，我努力避免形成力量對立的局面。

這需要「決心」和「毅力」。無論結果如何，都要做好接受一切結果的準備，毫不猶豫地迎接下一個機會。

做不到的是因為自己解釋得不夠清楚，與其埋怨別人，不如先從自己身上找原因，心中要有決心。

在工作中，我希望取得成功；在家裡，我們希望大家和睦相處。但我們每個人都有自己的意願。把自己的感受和願望強加於人會導致衝突。即使是非常親密的關係也會變得緊張。

為了避免人際關係中的衝突和碰撞，不需要偽裝自己的感受。無論是兩個人、三個人、五十個人還是一百個人，如果深入探究大家如何能夠積極地生活，那麼很自然地，我們會採取一些再平常不過的行動，例如不說謊、不貪婪、關心對方的感受，並且堅持不懈地努力。藉由優先考慮他人的利益而非自己，我認為我們會培養出一顆堅忍不拔的心。

一天是一生的縮影

一日は一生の縮図なり

二〇一八年前往美國參加春季集訓的班機，由於故障延誤了兩個小時。這次我們安排了搭乘包機前往，因此很難想像有什麼原因會導致抵達航班延誤。

面對意外在機場受阻的現實，我們應該如何看待？

或許會心生不滿，心裡想著「為什麼要多等兩個小時啊！」但我在那時意識到：「飛機的延誤可能是為了更完善地進行機械維護，讓我們在機上能夠舒適地度過。機組人員一定是認真地做著準備工作，為了將選手和工作人員安全送達目的地，這兩個小時是必要的吧。」

我將這樣的想法，記錄在當時的筆記中：「也許這也是個好兆頭。」我想到了被譽為「國民教育之師」的偉大哲學家——森信三先生所說的「一天是一生的縮影」這句話。

對於我們職業球隊而言，春季集訓是一年的開始，可以說它就像元旦一樣重要。

在那個充滿陽光和喜悅的日子裡，日本人會對過去一年表示感謝，並為即將到來的一年做好準備。飛機延誤也許是某種暗示，我們或許可以將其理解為：「明確地顯示問題，才能做出應對措施。對於我們來說，不方便或困難之事並非都是負面的。這些都可能對未來產生積極的影響。」

位於北海道的火腿隊，面對所有客場比賽都必須搭乘飛機移動。若遇到天氣不好的情況，出發時間的延誤是無法避免的。但如果每次都抱怨不滿，這樣的心態或將對心理健康造成損害。

春季集訓的飛機延誤讓我感受到「在漫長的球季中，這種情況也會發生」。這就是我所說的好兆頭。

無論是工作或生活，事情不總是按我們的意願進行。在事情不順利時，更要用從容的心態去應對。一天是一生的縮影，為了避免後悔，我想要珍惜地度過每一天。

無私

無私

飛田穗洲創立日本學生棒球協會，被喻為「學生棒球之父」，他有一句名言「棒球是一條無私之路」，我總是重視「無私」這兩個字。「無私」是指無我。若非無私，就聽不見棒球之神的聲音。

在二〇一二年至二〇一八年的七個系列賽中，苦吞最多敗北的是二〇一七年。前一年在日本大賽中奪冠，隔年便急轉直下，以六十勝八十三敗淪為第五名。勝率為四成二，這意味著我們在五場比賽中輸了三場。

我們在賽季中仍然過著正常的生活，但是連續輸球對身體造成的負擔非比尋常。要怎樣表達才能傳達出這種感受呢……

當遇到某種失敗時，有時會感到胃部緊繃，但那種狀態近似於不斷地持續下去。就連睡覺時，也被輸球追著跑，向眾人道歉，說自己「引發這種狀況，真的很對不起大家」……。內心籠罩在一片漆黑之中。

總教練必須背負如此重大的責任。

若是球隊始終停留在最後幾名，「為了成績不佳負責而辭職」也是一個選項。然而，我覺得辭職等於是放棄身為總教練的責任。

當然，「贏這麼少，我應該繼續擔任總教練嗎？」這種想法也時常湧上心頭。一種瀰漫著沉默的氛圍，在總教練室和飯店的房間裡瀰漫開來。每每這時，我會對自己說：「如果這樣想，就應該更加拼命，更加全力以赴。」如果為了今天的失利而憂心忡忡，那就要為了明天的勝利竭盡全力。即使明天獲勝，也不要驕傲，不要自滿，我一直這樣告訴自己。

二〇一九年系列賽的六月底，福岡軟銀鷹隊讓我方吞了三連敗。我讓有原航平、杉浦稔大、浦野博司三人站上先發，以五比七、四比五、三比四激烈廝殺，最後落敗。第二戰在第九局以兩失分被翻盤。第三戰中，第八局的兩失敗成為致命傷。在攻擊方面也有雙盜壘和犧牲觸擊的失誤。

這種劇情發展的比賽，被報導為「投手失算」。被打擊出去是無庸置疑的。然而，起用那位投手的正是我。因為我有所遲疑、有所不安、有所恐懼，也就是有私心，所以投手的球被打擊出去。在關鍵局面下，打線沒有延續攻勢。結論是我未能果斷地讓選手展現出他們的能力。

打棒球真的很開心。即使是系列賽前的熱身賽，也會令人意識到許多事，深深感到棒球的深奧。縱然在系列賽中幾十敗，在體內燃燒的火焰也不會消退。

不靠突發奇想的點子，而是絞盡腦汁，以獲勝為目標。不是為了自己，而是想著選手的幸福而戰。消除自己內心的恐懼，鼓起勇氣，勇敢挑戰。

當我咀嚼得以參與摯愛的棒球的幸福，我也希望自己是無私的。

自身之事皆無悔

我事において後悔せず

宮本武藏是江戶時代[1]的知名劍客，這句名言收錄於記載他自身生活方式的《獨行道》中。

固守在無法改變的過去中，沉溺於「早知道這樣做」或者「早知道那樣做」的後悔，對未來沒有任何幫助。僅僅為了避免犯同樣的錯誤而束縛住挑戰的精神，壓抑著踏出新的一步，這樣的做法也會帶來阻礙。

1 日本歷史的一段時期（一六〇三年～一八六八年），至第十五代將軍將政權歸還給明治天皇後告終。

相較之下，應該思考為什麼沒有成功，並將其應用到下一個機會中。既然已經知道「這樣做不會成功」，就不要後悔失敗，而是將其視為一種教訓，淬鍊出「下次要成功」的想法。

成功可以歸因於幸運，也可能受到偶然的影響。儘管打擊並不算完美，但恰好落在外野手之間變成了安打，這就是一個明顯的例子。無論是漂亮的安打、三不管地帶安打，或者龜速的內野安打，安打就是安打。此時重要的應該是自己的接受方式。

是以確實的打擊形式打擊出去？還是身體因投手投的球而失去平衡？我總覺得宮本武藏在告訴我，不要對於安打這個結果感到安心，而是為了讓自己的打擊更上一層樓，毫不遲疑地積極挑戰！

多嘴

差し出口

良寬是江戶時代後期鼎鼎有名的禪僧、歌人、書法家，他留下了《戒語》。如同字面上的意思，是勸戒的話語。「多嘴」是《戒語》中的一條。

《戒語》共有九十條，每一條都具有普遍性，像是一面面照妖鏡，逼迫我們現出原形。像是球隊內的會議或比賽前後面對媒體等，我有許多機會發言，對我而言，《戒語》中的每一條都很刺耳。

說太多、對方說話時插嘴、說不服輸的話、說言不由衷的話、大談自己的功勞或說自吹自擂的話、強詞奪理、打斷別人的話——這些都是自己可能會下意識做的事。

我平常會記得聽對方說話。

聽對方說話等於是接觸對方的想法。我會盡量聽選手說話。如果不成為聽眾，就無法接近對方的煩惱和痛苦。

儘管對我傾訴煩惱，選手也不會心情暢快。棒球的事也就罷了，像是家人、家庭、朋友關係的煩惱等，我能做的事情有限。我或許什麼也做不到。儘管如此，讓對方聽自己說，會讓自己的心情平靜下來，或者稍微放下內心的重擔。我本身也有透過訴說、得到救贖的經驗，總覺得吐出心頭的一股悶氣，或許能夠踏出新的一步。

有時候即使花許多時間聽對方說，也無法觸及真心。如果是火腿隊的選手，也有不方便對總教練說的話。不要說別人，我本身是現役選手時，也對於向總教練說出真心話感到抗拒。

有時候，說的話會依聽眾而有所不同。舉例來說，對我說「沒有受傷」的選手，會對教練脫口表示「有一點痛」，而對訓練員則會坦承「相當痛」。

我能夠理解這種選手的心理。選手不想缺賽，但是希望有人知道他身體正在發痛。我不能質問「你為何不對我說真話」，所以從各方面揣測選手的心聲，予以因應。

愈來愈多選手和我的年齡差距形同父子，但我不會因此感到難以啟齒。

我們不容易找到共通的話題，也很難因為喜歡的藝人或電視節目而聊開懷。不過，有的人無關年齡，容易說話。我想要擁有那種氣質。總教練這個頭銜原本就會令選手感到壓力，所以有難處，但是……我在做隨時能和任何人說話的準備。

二〇一五年系列賽的某場比賽後，有位選手造訪我的總教練室。我能夠想像他之所以來總教練室，是精神上即將無法承受。

從隔天起，我決定有比賽的夜晚少喝酒。假如總教練滿臉通紅地打開房門，選手八成會說「抱歉，我改天再來」，然後離開。

選手肯定是鼓起勇氣而來，不可以踐踏他的心情。無論是日場比賽或夜場比賽，我決定比賽日都不喝酒，也不外出，就待在總教練室。

當我需要發言時，我會有意識地減少用詞。若你費盡唇舌試圖表達自身的想法，最終將無法傳達資訊。用詞愈多，愈容易產生理解上的分歧；用詞愈多，就愈容易言過其實。

歸根究柢，如果抱持堅定的信念，即使沒有言語，選手也會理解你。沒有必要說多餘的話。

成功總在煞費苦心日，失敗多於得意忘形時

成功は常に苦心の日に在り、敗時は多く得意の時に因ることを覚(さと)る

安岡正篤是大正時代至昭和時代[2]的陽明學家、思想家，二〇一九年時，我將他的這句話設定為手機的待機畫面。

2 日本歷史的時期。大正時代自一九一二年至一九二六年；昭和時代自一九二六年至一九八九年。

成功來自於平日刻苦的努力和創意巧思，失敗大多因順境時驕傲自大，疏忽大意而發生——我覺得這句話說得一點也沒錯。身在爭奪勝敗的職棒界，我能夠深切體會到這句話的意思。儘管球隊情況良好，也不能得意忘形，我將「謙虛地反覆努力」引以為戒，腦海中也浮現「好事多磨」這四個字。

有些比賽是不能、也不應該被忘記的。

二〇一八年四月十八日，對戰埼玉西武獅隊的比賽至八局上，是八比零的單方面得分發展。埼玉西武獅隊在系列賽開幕戰橫掃我方，讓我方苦吞三連敗，我懷抱著「四月十七日、十八日的連勝一定要獲勝」的心情，面對比賽。

十七日以七比二大勝，這一天勝利就在眼前。然而，在第八局下半，對方打線突然爆發，連續取得七分，我們瞬間就被逆轉。比賽的局勢已經不再屬於火腿隊，我們以敗北告終。光是第八、九局就被逆轉八分以上，據說是職棒史上頭一遭。

八局下差八分的當下，我確信贏定了。我並沒有對教練們說「贏了吧」。不過，安心感在內心漾開。大概是在那一瞬間，勝敗的分界線改變了。我對自己的膚淺感到不耐，看了一眼記分板，我痛罵了自己。

為了不忘記創意巧思和努力，必須擁有一顆順境時不驕傲、逆境時不畏怯的心。為了對微小的變化敏感，我被二宮尊德「耕心田」的教誨吸引。

二宮尊德說，我們所在世界的所有荒廢——雜草叢生，土地荒蕪的狀態——皆起因於內心乾枯或頹廢。

倘若如此，我們該怎麼做才好？

要耕心田。

內心和田地一樣，若不耕作，就會龜裂，營養不足。

能以乾涸的心，溫柔地對待別人嗎？會想對別人伸出援手嗎？比起和鄰居分享水，應該會想先解自己的渴。溫柔和體恤的心情不會擴大。

我望向維護得漂亮的球場，心想：「耕心田是這麼一回事啊。」這就好比在在播種作物之前，也需要耕翻黑土，去除凹凸不平之處。

潑刺颯爽

溌刺颯爽（はつらつさっそう）

為了耕心田，我想要接近「潑刺颯爽」的境界。這四個字出自研究人類學、擔任出版社社長的藤尾秀昭之口。

潑刺颯爽，指的是始終保持清爽，總是懷抱颯爽的心情。藉此拔除內心的雜草，讓心花綻放。

因為比賽輸球而過不去，即使一直沉浸在陰暗的情緒中，或者臉色陰沉，也不會改變任何事，而且會散發負能量。

二〇一九年六月二十九日，在札幌巨蛋對戰福岡軟銀鷹隊，是一場令人懊悔的比賽。

在緊咬一分差距的第四局奪得三分，五局上被追平，我方馬上又獲得一分領先。我方和福岡軟銀鷹隊的戰績為兩勝六敗，贏遠少於輸，至今苦吞四連敗。若是輸掉這場比賽，勝場減敗場就為零，我方和暫居第一的軟銀鷹隊之間的勝差，會進一步拉大。

自四比三領先的第六局起，以頻繁換投撐到了第九局。但是，九局上失去兩分，以四比五逆轉輸結束。

比賽後，被隨從記者包圍的我說：「這是一場令人十分懊悔的比賽。現在是艱苦的時期，但我們必須團結一致，忍耐著，只有靠勝利才能解決這一切。」

這些話句句真心，但是我的思緒尚未整理，神經緊張，彷彿像是鋸齒一樣，將內心深處割得傷痕累累。我投入八名投手還輸球，比平常更強烈的無力感和徒勞感襲來。

話雖如此，我不能一直懊悔。

例行賽有一百四十三場比賽。

只不過是輸了其中一場而已。

下一場一定要獲勝。

我像這樣正面思考，從腳邊抬起目光。除了自己之外，我也能帶給身邊的人正能量。耕心田應該是每天朝氣蓬勃生活的第一步。

履霜堅冰至

霜を踏みて堅氷至る

在中國古代的書籍《易經》中，這是一句名言。

走在寒意增強、結霜的道路上，就預料到嚴寒冰凍的季節即將到來。它原本的意思應該是凡事都有預兆，要見微知著，防微杜漸。

走在霜上，發出「吱吱嘎嘎」或「沙沙」聲響。隔天早上、後天早上都聽到相同聲音的話，任誰都會認為即將結冰。

重要的是，是否能將預兆善用於行動中。

不要心想「尚且是霜而不是冰，所以不必準備長靴吧」，而是心想「為了明天結冰也無憂，今天之內先做準備吧」，事先拿出收在鞋櫃的長靴。若是累積「這樣就好」的安逸判斷，真的發生重大問題時，將無法迅速應對。如果回顧犯下嚴重疏失的過程，大多是明明感覺到了徵兆，卻小看了它。疏忽大意成了元凶。

換個說法，就是不要有例外。不能因為今天好累、或者明天比較有時間，而將工作和雜事延後處理。

職棒的例行賽，是透過一百四十三場比賽爭奪冠軍。二〇一八年，稱霸太平洋聯盟的埼玉西武獅隊是五十三敗；在中央聯盟奪冠的廣島東洋鯉魚隊為五十九敗。也就是說，即使在一個系列賽輸五十次以上，也能成為聯盟冠軍。

儘管如此，不能心想：「既然能輸五十次，今天輸了就算了。」在競爭的世界裡，即使表現出色也可能輸掉比賽，但是我不想如此輕易地看開。我的想法是，如果認為「輸了就算了」、「這就是比賽的世界」，等於那一瞬間就放棄了成長。

田中將大投手目前（二〇一九年）在紐約洋基打球，他轉到大聯盟前一年的系列賽，身為東北樂天金鷲隊的王牌投手，留下了例行賽二十四勝零敗的驚人紀錄。火腿隊和東北樂天金鷲隊對戰八次，一次也沒贏。

如果他能夠完美投球，怎麼也贏不了——對陣的對手球隊總教練、選手，應該都對二〇一三年系列賽的田中投手甘拜下風。我也是其中之一，但我同時在想：「做為職業球員，是否應該滿足於服輸？」

我問自己：「就算田中投手是再厲害的超級王牌投手，我可以心想『我們球隊的重要選手被壓制，也是無可奈何的事』嗎？我們球隊的選手是不是能夠表現得更好？」

在歷經「比賽內容絕對不差、但結果不佳」的比賽後，我會對選手們說「算了，全部忘掉吧」、「把今天輸球的經驗，活用在明天之後的比賽」；我也會說「轉換心情很重要，徹底忘掉吧！」然而，總教練不必轉換心情。我的態度是：如果感到懊悔，那麼就懊悔吧。我不會認為「這樣的表現、輸球也沒辦法」，而是問自己：「明明表現這麼好，為什麼無法獲勝呢？」

我總覺得，以這種方向回顧比賽比較好。這正是「履霜堅冰至」的想法，並非心生「欸，算了」的念頭，而是察覺到改善的徵兆。

「欸，這樣就算了」的想法，不會為我們的生活加分。若是反覆「欸，算了」，就不會對「不足之處」抱持懷疑。久而久之，「欸，算了」便形成習慣。

我曾要求教練們仔細觀察選手暖身時的表情。通過瞭解某位球員在拉伸時對自己腿部的擔憂，或許就能防範嚴重受傷於未然。我們需要避免錯過球員的細微變化，這可能導致一名重要球員在一、兩個月內無法參加比賽。

也有突發性的意外，比方肌肉拉傷，但有些事情倘若我們訓練人員注意、就能預防。如果練習方法或者緊張程度不同，某些傷害或許一開始就不會發生，當中許多案例皆有「預兆」。如此一想，有人受傷是總教練的責任。

責怪「選手本人的準備不足」很容易，但沒有球員願意受傷。他們為了在一軍發光發熱，每天努力不懈。

如果有不順利的事，就將箭頭指向自己，尋找其原因——與其推到別人頭上，這麼做心情會更加暢快。釐清原因之後，就會湧現「明天起要更努力」的能量。

2016 年 9 月 28 日，時任北海道日本火腿鬥士隊總教練的栗山英樹，在埼玉縣所澤市的西武巨蛋奪得太平洋聯賽冠軍後，被球員們拋到空中。當時是火腿隊睽違四年後，奪下隊史第七次冠軍。（The Yomiuri Shimbun via AP Images）

至誠而不動者，未之有也

至誠にして動かざる者未だ之れ有らざるなり

這是吉田松陰[3]所重視的孟子名言。孟子繼承孔子的教誨，是中國戰國時代的儒學者。

如果竭誠，人心一定會被觸動——我寧可認為，這世上不存在竭誠觸動不了的鐵石心腸。

二〇一八年的系列賽時，我在總教練室的白板上，寫下「至誠如神」[4]。這四個字引用自中國的經典「四書」中。

二〇一八年十二月一日，我造訪了北海道的厚真町。這個地區因同年九月的膽振東部地震，遭受了重大災害。

造訪的契機是一封信。我從厚真中央小學的池田健人校長那裡，收到了以毛筆書寫的熱情內容。信中寫道「希望您能參加學習發表會，它是復興的能量」。

我住在北海道、在北海道的職棒球隊工作。我沒有拒絕的理由，於是欣然出席。

我在厚真中央小學和孩子們互動，也順道前往了同樣受到嚴重地震災害的安平町和鵡川町。我的心被池田校長的至誠打動，度過了非常寶貴的一天。

我們從事職棒工作，以在眼前的比賽中獲勝為目標奮戰。集結大家的全力，面對對戰選手的動機，是將勝利的喜悅、獻給替我們加油的各位球迷。

---

3 日本明治維新的精神領袖及理論奠基者，同時也是眾多日本人心目中的典範人物。

4 語出《中庸》第二十四章。

對於一直以來支持自己的群眾的心意，我們希望能夠回應這些的期待。這份誠摯而堅定的心意，成為了奮鬥和反抗的力量，是忍受辛苦訓練的原動力。

站在鼓舞選手的立場上，如果我本身不努力，斥責和激勵都只是空響。我的工作就是盡自己最大的努力，讓選手們感受到「拚命努力會更好，棒球人生會變得有趣」。這正是我對選手竭誠的方式。

一個人一旦摻雜了個人感情，就無法真誠相待。如果我們以自己方便、自己舒適為優先，就會忽視對方的情感和處境。這並不是真正的誠意。

若是竭誠，直覺就會運作。也可以說是對於變化，會變得敏銳。

這件事發生在二〇一九年的春季集訓。吉田輝星是日本職棒選秀會第一名的新星，模擬實戰打擊練習時，他在登板前說：「我的右手臂緊繃」我從教練口中得知，直覺感到危機，指示「讓他停止投球」。儘管他表示自己「其實還可以投球」，但我無法壓抑內心的忐忑。

我對他說：「你剛才或許能夠投球，但的確發生了讓你接下來可能無法投球的狀況，這是事實吧？這是你本身的責任。可是，你熱愛棒球到因為無法投球而感覺憤怒，這是好事。你就繼續憤怒吧。」

大谷翔平（現為洛杉磯天使隊員）在火腿隊打球時，也曾讓我感到忐忑不安。我如果察覺到選手受傷的預兆，幾乎絕大多數的情況下，都不會讓選手勉強上陣。

看在身邊的人眼中，我或許是過度保護選手。教練也對我說：「你展現出太多對翔平的愛了。」翔平也刻意和我保持距離。

他高中畢業之後，明確表示想前往大聯盟發展，於是我們在日本職棒選秀會以首選指名他，並將他招攬進入球隊中。我肩負著讓他在日本職業棒球界更上一層樓、並將他送入大聯盟的重任。我不想對他的棒球生涯有任何妥協，所以變得更加細心，不會忽略任何細微的變化，對於傷害的風險也變得更加敏感。這或許不是身為總教練的經驗，而是類似關愛——就像母親從孩子的表情和動作中，讀出他身體狀況和情緒的起伏一樣。

正如教練所言：「翔平最懂總教練想做的事」。我並沒有做出很多解釋，與翔平的對話也很少。然而，或許是因為我們的想法互相契合，之間建立起心靈相通的關係。

捨欲即大欲

捨(しゃ)欲(よく)即(そく)大(たい)欲(よく)

這是森信三著作《修身教授錄》中，知名的一句話。

當人們能真正捨去欲望，將使自己超越自我，並追求更大的渴望。這種境界，即放下自身微不足道的欲望，同情世間眾生的欲望，甚至盡力滿足他們。

二〇一九年四月十四日，在對戰千葉羅德海洋隊的比賽中，我使用了「請求（Request）制度」[5]。它是透過電視畫面，挑戰裁判的判決。一場

5 即導入影像重播輔助判決，中文正式名稱為「即時重播輔助判決」。

比賽最多擁有兩次挑戰權，若挑戰成功、推翻了原來的判決，就仍保有兩次。在這樣的規定下，當我的球員在返回本壘被判出局時，我向裁判提出了挑戰，請求確認判決。

五月一日，在對戰埼玉西武獅隊的比賽中，我同樣提出挑戰。因為儘管打者試圖以犧牲觸擊、讓一壘跑者進壘，但是被判出局。

這兩個案例，都未能推翻判決。在我看來是安全上壘，但選手或許差了一點。不過，那樣也好。

當球隊遠離勝利，總教練、選手往往都會對判決變得敏感。若是路線微妙的球被判定為好球，選手就會抗議「上一個打者時是壞球吧?!」；怒吼「為什麼只有我的時候判成好球?!為什麼只有我吃虧?!」氣得全身發抖。選手被「我想擊出安打」的欲望束縛，視野變得狹隘。

此時，不妨心想「裁判必須做出微妙的判斷，真的非常辛苦啊。」如此一來，內心狂風大作的暴風雨就會平息，肩膀放鬆。

在職棒的比賽中，時常因為一個判決而改變情勢。我提出挑戰，不但是為了改變比賽的走向，也會同時考慮場上的氣氛。如果所有支持火腿隊的球迷都覺得此刻提出（請求制度的）申請會更好，我認為使用規則允許的權利是可行的。

「欲望是讓一切演化和提升的泉源。一點也不必壓抑欲望。愈尋求愈愉快，令人快樂才是真正的欲望。而且別人的喜悅成為自己的快樂，這種欲望最尊貴。要讓這種尊貴的欲望之火不斷燃燒。」

人無法捨棄欲望，也沒有捨棄的必要。為了讓某人歡喜而挑起欲望吧——明治至昭和時代的實業家、思想家中村天風如此說道。

將欲望的箭頭從向內改成向外，想必就會諸事順遂。我希望能夠有勇氣捨棄自己的欲望，追求公共的欲望。

曾子曰：「十目所視，十手所指，其嚴乎！」

曾子曰く、十目の視みる所、十手の指す所、其れ厳なるかな、と

這句話摘錄自中國儒學者——朱子留下的《大學章句》。它的意思是，十人的目光注視的地方、十人的手指指向的地方，也就是許多人的意見和判斷一致之處，無法欺蒙世人的耳目。

一人獨處的時光，會忍不住變得散漫。

拖延收拾工作，或者不整理床鋪。

在電郵中寫下「我身體微恙」之類的遲覆原因，不是為了掩飾缺陷，而是為了看來像是真誠的回應——任誰應該都有過一次這種經驗。

然而，我認為終究有人在看。即使不是視覺上被看到，我們的言行中都透露著善惡。

透過持續做自己該做的事並且養成習慣，它會深植於體內。你就不會再說「不小心忘了」這樣的話了。這不僅讓你自己免於尷尬，也不會為你的上司和同事們帶來麻煩。

我努力做到「擺好鞋子、將椅子收進桌子底下」。這是森信三提倡的《教養三原則》[6]之一。

我在札幌巨蛋的總教練室工作，遇事離開房間時，有時會將椅子留在

6日本教育名人森信三（一八九六～一九九二）所提倡的《教養三原則》，內容包括主動打招呼、應答要明確有力、將脫下的鞋子放好並將椅子收進桌子底下，是全日本兒童在學校內必學的禮儀。

原位、而未收進桌子底下。我經常心想「我馬上就回來了，回來後這樣更方便」，但是，我連孩子們應當遵守的三原則之一都無法做到，我還能完成更艱鉅的任務嗎？最終，我意識到，自己或許會讓一切半途而廢。

因客場比賽下榻飯店時，我有時候也會將脫下的鞋子和衣服亂丟。在輸掉比賽後，腦海中會不斷重播、暫停許多場景。被「如果我這樣做，可能會得分；如果我那樣做，也許可以贏得比賽」的想法所支配，導致我推遲了整理鞋子和衣服的時間。

如果無法收拾好周圍的事物，我能對集合開會的選手們說些什麼？在給他們指示之前，必須先端正自身。

我們必須在他人開口提醒、雙眼注視之前，就開始做好事。正如《大學章句》中所寫道的「君子必慎其獨也」。

大畜，剛健篤實輝光，日新其德

大畜は剛健質実にして輝光あり、日にその徳を新たにす

我不禁思索，假如我是當事人，究竟會如何？

二〇一九年七月二十五日，媒體大幅報導夏季的全國高中棒球岩手縣大賽決賽。大船渡高中的王牌、專家關注的佐佐木朗希並未站上投手丘。他並非受了傷，而是有所保留。

若大船渡高中即使如此仍然獲勝，佐佐木迴避登板應該就不會成為爭論的火種。然而，大船渡高中以二比十二，輸給了花卷東高中。

佐佐木在第二輪投出十九球，第三輪投出九十三球，第四輪一個人投完延長第十二局。球數高達一百九十四球。隔天二十二日的八強賽迴避登板，在二十四日的四強賽投出一百二十九球，拿下完封勝利。從第四輪至四強賽，中間間隔兩天，兩場比賽合計投出了多達三百二十三球。

從四強賽到決賽都沒有休息。佐佐木如果連決賽也投球，就會形成連投。若從球數這個客觀事實判斷，不站上投手丘的判斷應該合理。

與此同時，在決定能否進入甲子園的比賽中，也有聲音質疑為何要保留備受職業球隊關注的投手王牌。對於高三的佐佐木來說，這是踏上甲子園土地的最後機會，考慮到與一起流過汗的隊友之間的羈絆，也有人認為讓他上場投球是可行的。在討論是否應該在決賽中保留實力之前，也有人指出在第四輪比賽中投了一百九十四球才是問題。

我能夠理解雙方的立場。畢竟，佐佐木是被火腿隊確定為選秀第一順位的球員，所以我相當擔心。在此同時，我也想看到佐佐木在甲子園投球的身影。

無論如何，我們不是當事者。

比任何人理解大船渡高中棒球社的人，應該是總教練國保陽平。一直以來，近距離接觸選手們的心情、熟知他們狀況的人，正是總教練。我認為，應該有當事者才知道的隱情，所以無法輕易地發表意見。

大船渡高中在縣大賽決賽輸球的那一天，假如我能對佐佐木說話……我腦海中浮現千言萬語。

《大學》是從《禮記》中獨立出來的經典[7]。我是不是該將《大學》中的「苟日新，日日新，又日新」這句話送給他，希望他持續努力，今天能比昨天成長、明天能比今天成長呢？

或者，也可以考慮《易經》中的這句話。

---

7 《禮記》為「五經」之一，《大學》原為《禮記》第四十二篇，後獨立出來成為「四書」之首。

你已經找到了真正想做的事情，並且一直在努力追求它。距離實現願望只差一點點了。然而，由於某些原因，你被迫停滯不前。這不僅限於體育，也可能發生在工作中。

有些時候，你可能會受到物理上的限制，比如不能做某件事、或者不能去某個地方。但是，你的時間並沒有被奪走。你仍然可以獨自學習，也可以活動身體。應該能夠提升自我。

即使面臨困難，也要一步步向前邁進，在這個過程中真誠地對待周圍的人。不要偏頗地看待事物，而要坦誠地面對。這樣積累起來的力量，終有一天會成為照耀你的光源。它不僅會照亮你，也會照亮你身邊的人。

我認為，在短時間內取得顯著成長和重大進步，也是在某一時刻通過努力積蓄力量的表現。恰恰是當我們遇到一些不順心或未能完成之事時，才會想要付出比以往更多的努力。

德不孤必有鄰

徳は孤ならず、必ずとなりあり

有前途的選手會聚集在受隊友敬重的球員身邊。以我指揮的火腿隊來說，鶴岡慎也（二〇一九年為火腿隊一軍投捕教練兼捕手）很有威望。任何年輕的選手都會學習他的一心一意、拚命精神，而且最終都會跟隨這種前輩。

受人敬重之人會在自己選擇的道路上，全心全意地勇往直前。除了打棒球的時間之外，即使離開球場，也會貫徹於行動。為了展現堪稱專家的打球方式，對於約束自己毫不遲疑。就算是在球迷看不到的地方，也以為了球迷大展球技為第一優先考量。

媒體稱擁有這種貫徹態度的選手為「求道者」，也會使用「孤高」、「專家中的專家」等形容詞。

雖說如此，他們未必喜歡孤獨。只是不少人尋求自己理想的身影，碰巧採取相同想法或相同做法而已，這應該是他們的真心話。

受到旁人敬重的選手中，有些人不愛說自己的事、有些人不擅長說自己的事。因為話不多，所以有時候會因為一點小事而受到批評。身邊的人偶爾會跟他們保持距離。這可能是個悲劇，因為理解他們的人很少，但是儘管如此，他們也不會迎合別人。

即使陷入低潮，他們仍一味地努力練習。如果有時間抱怨「好痛苦、好孤單」，發牢騷或說喪氣話，不如專注於自己的工作。

不久之後，擺脫低潮，批評聲也會逐漸平息。雖然是可以鬆一口氣的時候，他們卻不會放縱自己。為了讓自己的工作到達更高的水準，持續自我鍛鍊。

他們對工作一心一意的身影，是責任感的表徵。也可說是一心想著工作的態度。隊友們會心想「我也想要變得跟他一樣」，是極為理所當然的事。

無論是工作、念書或社團活動，拚命埋首其中的人最迷人。拚命的溫度比旁人高，縱然被疏遠，也一定會有人意識到「他果然值得尊敬」，並且自告奮勇地說「我也想要一起努力」。

如果找到自己的目標和夢想，變得孤獨就不足為懼。

我要將《論語》的這句話，送給邁向目標的你。如果走在正確的道路上——不要執著於擊敗對手；如果傾注靈魂於磨鍊自己的內心和行為，一定會出現並肩而行的夥伴、助你一臂之力的贊同者。

我之所以能夠成為職棒選手、持續擔任火腿隊的總教練，正是因為「有鄰」。許多人與人之間的連結，引導我抵達無法獨自到達的地方。

第二章

逆境

應該沒有人盼望逆境。但是，人生並非總是順境，而且不知何時會遭到逆境襲擊。

若是處於逆境，往往就會陷入負面思考。腦袋受到「自己辦不到」、「不可能順利」等想法侵蝕。

我的人生總是逆境。儘管能以測試生身分成為職棒球員，但是和身邊選手的水準落差令我驚訝；在我總算能成為一軍上陣後，不明原因的梅尼爾氏症發作，為無預警襲來的暈眩所苦。儘管體力上足以負荷打球，卻因梅尼爾氏症無法根治，於二十九歲退出第一線。

即使跨越了對人生絕望的局面，我依舊不習慣逆境。不過，我開始能夠正面思考。

我開始能夠想像克服痛苦的自己，而非被痛苦打垮的自己。

逆境是最佳的學習機會。為了擺脫痛苦，絞盡腦汁，勇於嘗試。如果這樣做行不通，就思考不同的方法。還是不行的話，就再另闢新徑。在從挫折汲取教訓、找到解決方法的過程中，會逐漸養成靈活的思緒。縱然逆境下次再找上門，或許也能比上次更快找出解決之道。

如果團隊能一起解決問題，同事和朋友間的紐帶會變得更加緊密。儘管逆境不受歡迎，但也並非全是壞事。只要不拖延問題，能夠盡快處理，就更好了。

在栗樹農場度過時，我會思考著自己「為什麼生而為人？」我並不是鍬形蟲或蝴蝶，而是一個名為栗山英樹的人類，這種存在的意義是一個無法回答的疑問。我並不需要尋找答案。

既然做為人類誕生，即使遇到困難，也要朝著自己想要前進的方向努力。我想完成被賦予的使命。

人們常說「失敗為成功之母」，也常說「年輕時吃苦當吃補」。失敗和辛苦在人生中會成為寶貴的經驗、未來的精神糧食。

可以出錯，也可以失敗。要正面面對逆境。若是立志「這條路我要走到底」，就會練就突破難關的能力。

而努力中的你，一定會有相助的夥伴出現。

習坎，有孚，維心亨，行有尚

習坎はまことあり。これ心亨る。行けば尚ばるることあり

這句話引用自《易經》。「習」為重複，「坎」為深陷險難，「習坎」意指困難重重。在經歷巨大苦難的過程中，我們能夠學到很多東西。心中的真誠想法比任何東西都要堅強。要帶著勇氣去面對痛苦，相信快樂的時刻即將到來，並繼續前行——這是我對它的理解。

二〇一九年四月二十三日，在對戰東北樂天金鷲隊的比賽中，我指名杉浦稔大為先發投手。他是系列賽第一位先發，寫下到第五局三振九名打者的紀錄，沒有出現半名跑壘者，展現了完美的投球。

在札幌巨蛋觀賽的球迷、看電視轉播的觀眾，想必認為「今天的杉浦狀況絕佳」。然而，我在他投完第五局的當下換人。

以一比零邁入六局上時，第二投手被敲出陽春全壘打，拉平比數。第九局被轟出三分全壘打，火腿隊以一比四吞敗。我的選手調度未能獲得勝利，遭受批評，被質疑為何換下杉浦？

杉浦剛從右肩疼痛中返回戰場，在這場比賽之前，以二軍的身分調整狀態。在四次登板中，球局最長三局，球數最多六十五球。

我希望他在整個系列賽擔任輪值。他是我希望在投手丘上，站到第六局、第七局，奠定勝利基礎的優質先發投手。正因如此，我不想讓他在系列賽第一位先發的時間點就勉強自己，選擇了提早換人。

杉浦帶著勝利投手的權利走下投手丘，當然心有不甘。我察覺他的心情，自己也心痛不已。

不過，我不後悔。因為這是我以「球隊的今後」和「他的今後」為首要考量、經過深思熟慮的判斷。

人一旦遭遇痛苦，視野往往就會變得狹隘，自顧不暇。然而，應該有人比自己過得更艱辛。實際上，沒有不經歷痛苦或煩惱的人。

所有人都該有一顆體貼他人、重視他人的心。我希望自己不要忘記「為了他人，盡自己最大努力」的心情。

若有潛藏於內心深處的勇氣，縱然處於困境，也不會惶恐不安或驚慌失措，能夠心想「我豈能輸給這種小事」，鼓起奮勇向前的心情。

許多歷史人物和當下生活在我們周圍的人們，都曾面臨巨大的困難。我光是能夠從事熱愛的棒球工作，已受到幸運之神眷顧。要是愁眉不展，豈不愧對老天爺。

杉浦在自己的第二次登板，獲得了系列賽首勝。他在札幌巨蛋的舞台上，沐浴在攝影師閃光燈下的身影，在我看來非常耀眼。

人的優點是他們純潔的心與善良

人の強みとは清らかな心と優しさです

這句話出自在宮城縣擔任住持的塩沼亮潤之口。他在奈良縣的大峰山，完成了「千日回峰行」。無論颳風下雨或者身體欠安，一日不停歇地上下同一條道路。這句話是他忍受單調漫長、賭上性命的修行所悟出的金句，它一再地激勵了我。我也經常反覆閱讀同一句話。

若球隊未能交出成果，我就會受到無力感折磨，險些口吐「好痛苦」、「心好累」等話語。不過，因熱愛的棒球而嘗到的痛苦，能夠轉變成快樂和愉悅，也讓我心生「幸福近在咫尺」之感。

明治時代至昭和時代，從事創作的俳人——種田山頭火吟詠道：「蜻蜓羸弱飛過來，在我身邊飛呀飛，趁能飛就儘管飛，否則恐將飛不動。」我們人也是一樣，所有人都有天定的壽命，人生遲早會落幕。

既然如此，就該全力以赴做到底，對被賦予的工作投注心力，燃燒生命。

清宮幸太郎在邁入職棒球員生涯第二年時，於二〇一九年系列賽六月下旬至七月的賽事中，陷入了連續三十二打席零安打的差勁成績。他的表情失去了光彩，過著即使球隊獲勝、也無法打從心底感到開心的日子。

當然，我也考慮過讓他降為二軍，重新鍛鍊。此時，浮現我腦海的是王貞治身為職棒選手的第一年。

王貞治日後成為全球的全壘打王，但他曾經從開幕戰起，連續二十六打席無法擊出清脆悅耳的安打。儘管如此，總教練水原茂持續指派王貞治，而在第二十七打席，他轟出了全壘打。

清宮肯定不是池中物。他應該會成為背負日本球界的打者。然而，他才二十歲，剛邁入職業生涯第二年。他可以盡情地跌跌撞撞。我能做的事，就是持續支持他，幫助他重新站起來。

現代社會充斥著氾濫的資訊，人們容易迷失內心。為了避免看不見自己該做的事，我想要保有純潔的心，秉持正道地活下去。這倒不是為了自己，而是為了幫助身邊的人盡可能地獲得幸福。

十善法語

十善法語（じゅうぜんほうご）

在第一章介紹過良寬的《戒語》，而在江戶時代後期的僧侶——慈雲尊者留下的《十善法語》中，亦有關於說話的記載。

不妄語（不搬弄是非，不說謊）。

不綺語（不花言巧語，不使用空洞的用語）。

不惡口（不誹謗。不使用粗暴的用語，不說他人的壞話）。

不兩舌（不欺騙。不說讓他人失和的話）。

我認為說話是心靈的表現。言語如果不被記錄下來就無法視覺化，但是通過說話的口氣、聲音、音質、聲音的強弱、語調以及表情等，卻會被牢牢刻在聽者的心中，無法用橡皮擦去除。

所以，我們應該慎重且用心地站在對方的立場來說話。我也認為應該無私且無欲地表達自己。

《十善法語》中列舉的四項都該注意，尤其是「不兩舌」，絕對不得為之。所謂的一口兩舌，是對這個人說一套、對那個人說另一套。為了追求自己的利益，而告發他人「正在做這樣的事情」，也是同樣的行為。

二〇一八年四月十八日，在對戰埼玉西武獅隊的比賽中，我起用了上原健太為第二投手。

上原從八比零領先的第八局起，站上投手丘，冷不防遭到連續打擊，陷入一出局，一、三壘有人的危機。當時比分仍有一段差距，因此還不到驚慌失措的時候。儘管如此，我決定派下一位投手上場。

上原是二〇一五年日本職棒選秀會第一名，身高一百九十公分的左投手，具有獨特的個性。我們一邊考慮將他做為先發候補，一邊也在嘗試將他用作中繼投手，以尋找他的最適位置。

對戰埼玉西武獅隊的幾天後，我問上原：「對於被做為中繼投手使用，你覺得如何？」那天在投手丘上，他的心思似乎飛到了別處，但這一刻，他將他那雙意志堅強的眼睛轉向我。

「我總覺得不是我該待的地方。」

既然本人的心意已決，我也毫不猶豫。

「好，我知道了。你先去二軍，經歷幾次先發再回來。在那之後，我會再在一軍替你準備機會。你要做好心理準備，下次不行就開除。」

上原精神抖擻地應道：「我也想那麼做。我總覺得現在的自己不是自己。」

上原在二軍反覆登板，我按照約定讓他升上一軍。接著，他加入輪值，留下了四勝零敗的成績。

二〇一九年系列賽，他從四月起加入了先發陣容。系列賽前半段，他只獲得一勝，但我和上原對於他是否可以擔任先發，都毫不質疑。因為彼此坦露心聲，心情不可能沒有交集。

縱然不當地貶低某人，能讓自己獲得工作，但虛假的事實遲早會暴露在光天化日之下。為了將謊言合理化，有時候甚至必須再撒謊。結果可能傷害自己的信用，失去他人的信賴。有人說「兩舌」是「惡魔的行為」，絕對不得為之。

人生沒有第二次

人生二度なし

這是森信三留下的名言。

他的人生橫跨明治、大正、昭和、平成，據說是一波未平一波又起的逆境。父母離婚，他找不到工作，背負巨額負債。心愛的孩子先行離世，他歷經了白髮人送黑髮人的悲傷。

在對人生絕望也不足為奇的過程中，森信三追求「人生沒有第二次」的信念，據說他認為人生只有一次，所以分分秒秒都必須燃燒活著的熱情。他排除接二連三逆境的原動力，或許就是「人好像不在哪裡受阻，就無法發揮他真實力量」的想法。

我身邊也有一位發揮突破力的堅強男子。

他就是大谷翔平。

他的體能優異，從高中棒球的強校加入火腿隊，爾後透過入札制度，進入美國職棒大聯盟。

他身為洛杉磯天使隊的一員，寫下大聯盟生涯首打席就敲出安打的紀錄，而他做為投手首次登板的賽事也拿下勝投。他在大聯盟首支全壘打，是在主場的第一打席敲出。

他在大聯盟也持續施展了「二刀流」，並獲選為新人王。他的棒球人生一路走來，毫無波折，可說是一帆風順。

然而，在華麗的話題之間，翔平嘗到了痛苦的滋味。他在大聯盟第一年的二〇一八年系列賽，接受右肘的手術，二〇一九年系列賽專心扮演打者。

我們在二〇一九年系列賽展開集訓之前，有機會一起用餐。好久不見的他，依然是我認識的大谷翔平。他是一個謙虛、認真、彬彬有禮的好漢。

我感覺到他在大聯盟待了一年的成長。他想必在美國這個未知的環境拚命努力，拓展了自己的道路。他給我一種「敞開心扉」的感覺。克服艱辛者才有的強大韌性，好像又更上一層樓了。

人生只有一次，所以不願浪費任何一天。持續燃燒對棒球的熱情。他正直的生活方式非常耀眼，令我振奮。

一燈照隅

一燈照隅（いっとうしょうぐう）

我的人生充滿阻礙。不但跌宕起伏，還曾經站在極為陡峭的山谷中，面前是聖母峰級別的高山。

當初，我以測試生的身分，加入東京養樂多燕子隊時，對於職棒的水準之高，感到戰慄。我心想「這裡不是自己該待的地方」、「自己這種人不能待在這裡」，絕望在心中變成沉重的鉛塊，甚至曾經想要一死了之，尋求解脫。

我在身邊人的鼓勵和支持下，得以在一軍出賽，其後卻遭到梅尼爾氏症襲擊。三半規管功能異常造成的暈眩，毫無預警地襲來，由於原因不明，無法痊癒。我無法接受不能全力打球的自己，二十九歲退出了第一線。

以總教練身份回到球場後，也不斷遭遇挫折。我經歷了太平洋聯盟冠軍和日本第一[1]，仍然感覺距離山頂好遙遠。

直到現在，我還在努力跨越障礙，但有時候會絆倒在路上。

一邊拂去膝上的泥土，我在心中默念著安岡正篤先生的「一燈照隅」四個字。這句話的意思是「與其口出豪語，首先要照亮自己所在的小角落」，落實在自己身上後，就會發現「全力以赴地做事對他人有益，不僅一次，而是要持續地做下去。人人各自善盡其職，就是美好的生活方式。」

安岡還說：「如果我們陷入『環境造就人』的誤區，就會變成純粹的事物、純粹的機器。我們不能受環境影響。」

1 北海道日本火腿鬥士隊於二〇一六年奪下太平洋聯盟優勝，並於高潮系列賽決勝輪以四勝二負，擊敗軟銀。

我對這句話的理解是「人豈能被環境左右，人應當打造環境」。火腿隊不是一支投資巨款、補足戰力的球隊。儘管如此，打造能夠贏到底的環境是我的工作。

我絞盡腦汁，悉心鑽研。不以「移動距離長」、「日程吃緊」等為藉口，努力打造我們能贏的環境；我不想為輸球事先準備說詞，我不想找藉口辯解「我們的環境和奪冠的球隊不同」；我鼓勵自己，要全力以赴。

端正五事

五事を正す

中江藤樹是江戶時代初期的陽明學家，被稱為「近江聖人」，他學習重要的人道，予以實踐。其教誨之一是「端正五事」，五事是指貌、言、視、聽、思。

在日常生活和與人相處的過程中，「端正五事」即培養善良美好的心靈，會使我們重視家人、尊敬祖先、感謝大自然的恩賜。若能「端正五事」便足矣。「貌」用於風貌、容貌、美貌等詞彙，意味著「溫和的相貌」。

在我的感覺中，「溫和」是充滿慈愛的情感。我想到有人希望對方幸福，面露溫暖守護對方的表情。身邊的人看到他的表情，內心溫暖起來，或者緩和不安的心情。

我不在意體育媒體的報導。我很感謝他們提到職棒，報導火腿隊，所以無論寫什麼都無妨。

比起內容，我應該更在意照片。我不是擔心自己上相與否，而是在意表情。

在某一天的網路報導中，使用了我告訴主審要換選手的照片，表情非常嚴厲。我回到球員休息區，肯定還是同樣的表情。我想，此時的我，令身邊的人感到窒息。因為我未能做到端正五事的「貌」。

「言」是以體貼的話語訴說；「視」是以清澈的眼神凝視事物；「聽」是側耳傾聽別人說話；「思」是真心替對方著想。

困難的應該是「視」。有時無法將混濁的思緒逐出腦海，視線結了一層膜。「好煩」、「真麻煩」、「說不定會不順利」等負面情緒，會使視線變得可怕或銳利。

若是心情焦躁、著急、非常鬱悶，就容易口不擇言。即使自以為客氣地說話，也會變成命令語氣，或者像是在逼迫對方似地加快語速。

雖然我是隨口說「快一點啦」，但是說不定聽話者解讀的並非「快一點」，而是誤解為「還不快一點」。如此一來，就會變成相當具有壓力的表達方式。話語會融化對方的心，但有時也會刺痛人心。我平常注意用字遣詞，甚至會過度客氣。

文字也是一樣。社群網站的對話會留下來，所以要比平常更慎選用語。

即使是和年輕選手的對話，我也不會使用高高在上的用語。收到聯絡時的回覆，我也不會回覆「嗯」，而是回覆「我知道了」或「好」。自己應當率先使用期望對方使用的表達方式。

道者人之所蹈。徳者人之所得。仁者人之所親。義者人之所宜。禮者人之所履

道とは人が踏み行なうもの。徳とは人が体得するもの。仁とは人が親しむもの。義とは人が則(のっと)るもの。礼とは人が守るもの

這段話出自中國古代兵書「六韜三略」的《三略》，它們「缺一不可」。安岡正篤是生於明治時代的陽明學家、哲學家、思想家，我在閱讀他的解說後，發現兵法蘊含人生的指南，恍然大悟。

我在此基礎上進一步思考，得出「或許應該分別從『性善』和『性惡』的角度來思考問題」的結論。這意味著，我們不僅要從正面看待問題，還要從反面看待問題。

舉例來說，「策略」一詞在日文中具有「為了達成自己的目的、陷害對方的謀略」之意，並非正面的用語。

織田信長[2]擊斃今川義元的桶狹間之戰，是日本三大奇襲之一。相對於據說有兩萬五千人至四萬人的今川軍隊，織田軍隊僅有三千人至五千人。因此，傳說信長是藉由奇襲尋求生路。

對於信長發動的奇襲，肯定會有人認為「太卑鄙了」。我也不打算否

2 活躍於日本戰國至安土桃山時代的地域領主。

定那些認為「應該光明正大戰鬥」的聲音。不過，信長應該不可能容許家臣無謂地死去，他或許是出於現實的戰略考量而選擇了奇襲。如果將其視為為了取得勝利而策劃的結果，找到了欺騙今川的方法，我覺得並不一定能夠一概而論為「策略」。

在二〇一六年的日本大賽第六戰中，我也擬定了策略。

四比四邁入八局上，在兩出局滿壘的局面下，第四棒的中田翔進入打席。此時，我讓大谷翔平站在圓形打擊準備區。向對方的投手施加壓力的目的奏效，中田選擇四壞球保送，成功領先。

兩出局滿壘的得分機會依然持續，但是我沒有起用大谷，讓他退回球員休息區。我直接讓投手——安東尼·巴斯（Anthony Bass，二〇一九年為西雅圖水手隊員）站在打席，巴斯擊出安打，再加一分。其後布蘭登·萊爾德（Brandon J. Laird，二〇一九年為千葉羅德海洋隊隊員）轟出滿壘全壘打，變成一口氣拿下六分的大量得分球局。

未派遣大谷出場做為代打，可能會被認為是一種策略。但是對我來說，這並非是為了迷惑對手，而是只想著該做的事情。

當然，我做好了負全責、接受批判的心理準備。因為那是我個人所該展現的「道」、「義」、「禮」。

直方大，不習無不利

直・方・大なり。習わずして利ろしからざるなし

這是《易經》中的一句話。「直」是直率、耿直、筆直地前進；「方」是正方形的意思，指方正或向四面八方擴大的樣子。方正是行為和心態循規蹈矩，用於「品行方正」這個四字成語。

「大」是廣大無邊。據說直、方、大是遵從上天、包容萬物、培育四

方的「大地之德」。這句話是指不以私情和道理曲解學到的事，能夠坦然接受、徹底實踐的人，只要被賦予一點智慧，不刻意學習也會成長茁壯。

若獲得了知識和技術，有時就會拋開精神，陷入一種只要擁有它們就可以、一切都沒問題的錯覺。但是，為了善用知識和技術，必須要有「精神」。

二〇一九年六月十四日的職棒交流戰，對陣讀賣巨人隊的比賽是選手「精神」凝聚、團結一心的一戰。

第三局失去兩分，第四局失去一分，打線被迫沉默至第五局。第六局扳回兩分，以一分之差緊追在後，第一棒的西川遙輝在第七局點燃了球隊的鬥志。

他敲出突襲短打，以頭部滑壘搶攻上壘，打造無人出局、一壘有人的局面。後續兩人出局，但是西川在此時盜壘成功。連續兩年成為太平洋聯盟盜壘王的西川，可能是出於「想擴大機會」的心情，而成功盜壘的吧。

站上打擊區的是中田翔。在這個西川只需要一支安打就能回到本壘的場面下，第四棒不可能不振作起來。「西川為我們創造了機會。絕對要打出好球。」這樣的心情轉化為左外野方向的安打，讓比賽變成三比三平手。

札幌巨蛋的氣氛也推了他一把，我方追上了讀賣巨人隊。第五棒的王柏融將球打得又高又遠，飛向燈柱邊，擊出了兩分砲。

先發投手有原航平，在第四局之後逐漸找回狀態。他投了八局失掉三分，而在第九局，雖然布萊恩．羅德里奎茲（Bryan Rodriguez）失一分，但最終以五比四獲得勝利。

我在比賽後的採訪中說：「無論是贏是輸，我將繼續保持想要勝利的心情，唯獨精神上的累積，我們永遠不會輸。」

我們所珍視的「精神」，也可以被理解為決心。這是保留了積攢的知識和技術、以最大限度發揮它們的決心。不僅僅是相信「只要懂得這些就夠了」，而是不斷吸收新知識和技術，持續激發達成目標的戰鬥意志。

權蓋天下，然後能不失天下

徳とは困難を乗り越えていく権謀

這句話引用自中國「武經七書」[3]之一的《六韜》。

在比賽的重要階段，我會做出「負面假設」。例如在火腿隊進行防守的情況下，我會提前想到他們會被擊出安打。假如我被「不想被擊出安

3 包括《孫子兵法》、《吳子兵法》、《六韜》、《三略》、《司馬法》、《尉繚子》和《唐太宗李衛公問對》。

打」或「希望投手能壓制對手」的念頭支配，當對手擊球、發出清脆的聲響時，我肯定會垂頭喪氣，覺得自己被對方擊敗了。

但若是事先進行被擊出安打的「負面假設」，就能採取不同的看法。我們可以割斷思緒，想到「這種事情也可能發生」。

儘管我輕描淡寫地說要「看開」，但是實際上並不簡單。被擊出安打那一瞬間，有時仍會面露「天哪！」的表情。假如電視轉播的攝影機捕捉到那一瞬間，被選手的家人看到，說不定會被誤會成「栗山總教練不喜歡我兒子（或丈夫、兄弟）」。牛棚也有電視螢幕，所以正在準備接下來投球的投手也會心想：「被擊出安打的話，總教練會露出這種表情啊。」

為了避免事情變成那樣，準備很重要。事先想好下一秒的畫面。

在日本戰國時代，有許多兵力較弱的軍隊在戰鬥中取得勝利的例子。那些願意冒著生命危險奮戰的士兵們，一定密切觀察著大將的一舉一動。「被這個人領導，我可以為他犧牲性命。」這樣的大將帶領的軍隊，才能取得超越預期的戰果吧？

在組織中生活，我們會面臨「要捨棄私人情感去執行事務」的重要性。為了不將個人情感置於優先地位，我努力「摒棄私心」。

在二〇一八年十月十五日的高潮系列賽第一階段第三戰中，我下定了某個決心。七局上二比五，以三分之差緊追在後，面臨了一出局，一、二壘有人的得分機會。下一名打者是中島卓也。

中島是左打者，福岡軟銀鷹隊的投手是左投的嘉彌真新也。

中島在之前的打席，足足纏鬥了十球，最後打出強勁的球。遺憾的是，以一壘滾地球告終，但是打擊的內容不差。我的腦海中閃過直接讓左打者中島對上被稱為左打者殺手的嘉彌真這個選項。然而，選手們已經為這樣的場面做好了準備。

高潮系列賽第一階段迄今一勝一敗，系列賽排名第三，若要一路贏到底，就必須兩勝，我方非贏不可。包含這個球局在內，必須透過三局的攻擊，扳回分數。

我想派代打上場，改變形勢，散發出「所有人一起奮戰！」、「接下來要獲勝！」的訊息。我不是根據「左打對上左投不利」這種一般的機率論，而是以更大的企圖、派代打上場取代中島。

代打的杉谷拳士並未擊出清脆悅耳的安打，我方沒能善用得分機會。最後一路被壓著打，以二比五吞敗，將最終的參賽權拱手讓給了福岡軟銀鷹隊。

我認為，當你剝去追求自身利益和提高自身榮譽的私心時，最終會產生出幫助他人的願望。做為火腿隊的教練，讓這支球隊取得勝利當然是首要目標，但看到每位球員真正地成長，這才是最大的喜悅。我願意把自己的能力、熱情和時間全都奉獻給球隊，其中並不含有私心。

比賽後，我沒有對中島說關於換人的事。因為我確信，他應該懂得我的用意。

君子而時中

君子は能く時中す

這句話出自中國經典名著《中庸》。

我的解讀是，獲得成果的領導者總是採取適當的對策，克服所有矛盾，不斷進步、提升。

我擔任火腿隊的總教練，目標是在眼前的比賽中獲勝，並且在系列賽結束時，成為日本第一。我們生活在瞬息萬變的戰鬥中，但另一方面，我相信自己若缺乏「這個球員三年後會是什麼樣子，或者這個球員五年後會成長到什麼程度」的觀點，就會做出錯誤的決定。

縱然面對影響聯賽冠軍爭奪的攻防對決，我也不會做出短視近利的指導，例如「馬上做到這個！」、「你為什麼做不到這個？」；我會想像選手轉到其他球隊時，或者退出第一線時，心想「加入火腿隊真好」的身影。

二〇一九年六月二十六日，火腿隊和讀賣巨人隊之間完成了二對二交易。投手吉川光夫和捕手宇佐見真吾，成為了我們的夥伴。

由於是系列賽過程中的交易，因此獲得了預料之內的即戰力。在記者會上，我說：「我有責任讓他們兩位大顯身手，而且是為了讓球隊獲得最後勝利而請他們來。」宇佐見被迅速投入一軍，因此我的發言「迫不及待想要獲得他們」，在媒體上被過度傳播了。

當然，我對他們寄予厚望，但我對現有球員的期望不會降低。我希望球員們進行良性競爭，同時我會採取能提高勝率的策略。

我對離開火腿隊的藤岡貴裕和鍵谷陽平也有責任，我讓他們轉隊到讀賣巨人隊，是考慮到二十九歲的藤岡和二十八歲的鍵谷，在三、五年後會成為什麼樣的球員。當然，我希望他們兩人都能繼續為火腿隊效力，而且他們也有能力。從這層意義上說，我為他們兩人感到遺憾。然而，考慮到他們的未來，我認為現在轉隊是一個明智的決定。

尺蠖之屈，以求信也

尺蠖の屈するは、以て信びんことを求むるなり

我們火腿隊做為主場的札幌巨蛋，在二〇二〇年的東京奧運將成為足球項目的會場。札幌巨蛋同時也是J聯盟（日本職業足球聯賽）北海道札幌岡薩多隊的主場以及二〇〇二年世界盃足球賽（FIFA World Cup）的會場。

基於我過去擔任體育主播的經驗推測，奧運這種世界級活動，會要求完美的營運和戒備。札幌巨蛋曾經舉辦世界盃足球賽，就這層意義而言，它應該是理想的比賽場地。

二〇二〇年系列賽時，火腿隊自六月十六日至八月十六日，將無法使用札幌巨蛋。這段期間的主場比賽在北海道內的釧路、帶廣、旭川，以及靜岡縣靜岡市、沖繩縣那霸市，乃至於東京舉辦。

這是長達約兩個月的轉戰，因此被媒體報導為「死亡之路」。媒體提到，火腿隊一年的移動距離，在中央聯盟、太平洋聯盟的十二個球團中首屈一指，而且四處轉戰會增加移動的負擔。

我從《易經》的名句中，想到了「尺蠖之屈，以求信也」。

待在栗樹農場時，會遇見各種動物和昆蟲。尺取蟲也是其中之一，牠們會將身體先屈後伸。

我們在二〇二〇年系列賽時所歷經的長期遠征，取代了尺取蟲屈身的時刻。

能從家裡通勤到球場的主場比賽，可以在平靜的環境中參賽；能在家中用餐，和家人一起輕鬆度過時光；由於不需要搭乘飛機移動，得以最大限度地減少疲勞。

相對地，以客隊的身分比賽，要從飯店往返球場。雖然球隊的工作人員會做好準備，讓選手們能夠發揮最佳表現，但是梅雨季和夏季移動往往令人心情陰鬱。也有選手因為芝麻小事而抱怨。

但是另一方面，這也可以視為成長的良機。

十二個球團中，唯一走完死亡之路的選手們無論在精神上或身體上，應該都會變得強壯。即使日後再被編排嚴峻的比賽日程，大多都能認為「相較於那次長期遠征，這根本不算什麼。」

感到痛苦的標準可望變高，磨出抗壓性。公布日程之後，我說：「無論是哪種日程、哪種狀態，為了獲勝，唯有奮力一搏。唯一的問題是能否將所有阻力化為助力。」並非逞強或心灰意冷，純粹是出自真心。

因為那是連我本身也不曾經歷的日程，所以無法想像前方將有何種困難等著我們。但是，如果遇到困境，我會如同蜷縮的尺取蟲般屈身，邁出堅定的一步，秉持「我一定會把這種苦難變成喜悅」的信念，奮戰下去。

最重要的是，奧運和世界盃足球賽、世界盃橄欖球賽（Rugby World

Cup）合稱世界三大體育活動，我們得以間接和奧運產生關連。火腿隊也會一面替日本選手團全力加油，一面朝勝利邁進。

知者不惑，仁者不憂，勇者不懼

知者は惑わず、仁者は憂えず、勇者は懼れず

這是《論語》中的一句話，意思是「通曉道理、有智慧的人做事時不會迷惑，具仁德的人不會擔憂任何事，真正勇敢的人無所畏懼。」

二〇一九年系列賽的七月成績是二十二戰，十六勝五敗。這是繼二〇〇四年七月以十七勝四負的成績奪得日本冠軍後的次佳表現。

我們是挑戰者。福岡軟銀鷹隊在二〇一七年、二〇一八年，蟬聯兩年

日本第一，我們必須設法打倒它。

總教練工藤公康率領的福岡軟銀鷹隊是強敵。對手的實力值得尊敬，但是我方也從和他們的對戰中學習，熟知他們的強項。我不認為採取對策就能擊敗投手陣容，或者封鎖打者。一如我們蒐集資訊、分析對手，對手也試圖看透我們。

我所堅持的是，動用積累的知識，有效地利用從以往比賽中學到的東西，發揮想像力，勾勒出對手難以預料的戰略。不被理論和常規牽著鼻子走，也不隨著流行起舞，選擇取捨資訊，找出邁向勝利的最佳解方。這就是所謂的「知者不惑」。

若客觀看待雙方實力，就會發現「對手較強」的現實。然而，「仁者不憂」。

摒除「不想被別人視為無能的總教練」、「不想砸了自己的招牌」等憂慮，「對手的這個部分或許較強，但是如果這樣作戰，就能補足那個部分」的想法逐漸成形。專注於集中精力、最大限度發揮火腿隊的組織強項，心中就不會蒙上一片迷霧。

相反地，我心裡充滿期待，想著「如果能夠以這種方式運用這位球員，也許能夠激發尚未開發的潛力。透過這樣的方式，應該能夠超越對手的預期。」或是「如果將這兩位球員組合在一起，可能會產生前所未有的化學反應。」我考慮的是讓球員能夠發揮潛力，思考能夠連結到未來的使用方法。若以「仁者」的心，優先考慮他們的成長而非自己的利益，就不會犯自私的錯誤。

勇者，是指具有勇敢態度的人，從他身上應該能夠看到慎重、避險的思緒，以及深思熟慮的身影。並非以英勇犧牲的決心，挑戰勝算低的戰鬥，而是知道失敗、戰敗的可怕，並且貫徹心志。無畏的勇者，會全力以赴，帶領團隊實現目標。

身為領導者，想必會渴望成為智者、仁者和勇者。然而，擁有這些資質不過是手段罷了，目的是實現組織的目標——從這個角度來看，為了讓自己顯得很帥氣而穿戴的鎧甲，從一開始就非必要之物。

第三章

毫不猶豫

在《論語》中有一句教誨是「敏則有功」，意思是如果能夠迅速行動，就能夠有所成就。

無論是工作或學習，我們都有擅長和不擅長的領域。對於喜歡或擅長的事物，會立刻著手行動，但對於不喜歡或不擅長的事物，則會刻意拖延——這或許是人性使然。

我不想有所保留的，是「對於常識的質疑」。

欲創造新事物，必須擺脫受制於理論和傳統的思維。這是相當困難的。如果能與身邊人步調一致，就不會自己獨自一人造受挫折。縱然與成功擦肩，我們可以安慰彼此：「這次真不順利啊。」倘若成功時，我們則能攜手共慶喜悅。

不受常識拘束的判斷和行動，通常會與身邊人不同調。因為採取獨特的方法，可能會讓周圍的人感到疑惑：「為什麼會這樣？」這或許會引發質疑。在這種情況下，我也會感到不安。

然而，我不想受困於常識。我會遵守所屬團體的規則，不會違反身為社會人士的紀律。但是，我會努力不被先入為主的觀念所束縛，思考如何造福他人、組織，為未來創造一些價值。

我們在二〇一九年所認為的「常識」，在過去可能被視為「非常識」。我相信這是有可能的。這不僅局限於體育運動，也可能在社會生活中找到。

將來被稱為「革新」的事件和發明，都起源於崇高的想法——開拓新的時代，為未來留下遺產。因為追求的是社會的利益，所以即使聽到質疑的聲音，我也不會在意。

當然，要將「革新」化為「常識」，還需要改進和完善。要檢視自己的言行，找出問題點。因為我們想要創造讓所有人都感到高興的新價值觀，所以自我修養是必不可少的。

在社交媒體上獲得許多「讚」，可能會讓人感到非常愉悅。但是我不會以周圍的評價做為行動的準則。為了讓今天成為更美好的一天，讓明天比今天更美好，我會堅定地去做我認為該做的事，不會猶豫，誠懇、堅持、踏實地持續努力。

知之者不如好之者，好之者不如樂之者

これを知る者はこれを好むに如かず。これを好むものはこれを楽しむものに如かず

這是《論語》中著名的一句話。在學習中，僅僅知曉知識還不足以與熱愛學習的人相比。熱愛學習的人也不及熱愛學習且樂在其中的人。與其追求知識，更重要的是追求喜愛的事物，並享受其中的樂趣，這才是進步的關鍵。

我們是在一九九〇年代中期，開始使用行動電話，不必再尋找公共電話。它方便得驚人，八〇年代時，人們還無法想像手掌大小的行動電話，會普遍流通。

大概每個人都會想著「如果有這個就好了」，但是卻受到「那做不到吧」的心態制約。然而，隨著汽車電話、肩背電話、呼叫器的普及，行動電話終於登場。我想，是那些曾想著「如果有的話該多好，我好想要」的人們，運用了他們的知識，想像著大家興高采烈使用產品的模樣，滿心愉悅地去創造了它吧。

朝著別人給定的目標前進時，總會在某個地方遇到限制。即使那是自己喜歡的事情，也因為無法享受其中而受到阻礙。

我身為火腿隊的總教練，人們說我會使用「奇策」。二〇一九年系列賽的初期，我採用了開賽者戰術[1]，讓原本的後援投手改為第一局的開局

1 中文球迷一般俗稱「假先發」，詳見本書第一三七頁相關說明。

投手，或者將三壘手配置於一、二壘之間。

我是基於「如果懷疑常識、就會產生新事物」的信念，並且在創意基礎上，思考更多事情。

比方說，在二〇一九年系列賽的開幕戰中，假使我讓日本職棒選秀會第一指名的吉田輝星、第五指名的柿木蓮上場投球，這樣的安排或許能讓球迷們會感到興奮。但實際上，我最終選擇了上澤直之做為開幕投手，並將這兩名高中新人選手安排在二軍出賽。我曾經有這樣的想像，但事實上仍有許多因素需要考慮。如果讓這兩個人參加開幕戰，其他投手們大概會心想「我要爭口氣給總教練看」，因而振奮起來。

我心中並沒有將不現實的事物過濾掉的篩網。自二〇一八年系列賽左右起，教練們不時會對我說：「總教練愛怎麼做就怎麼做。不管你做什麼，我們都再也不會驚訝。」並用難以分辨是詫異或苦笑的神情看著我。

就任第一年的二〇一二年，我首先指派齋藤佑樹為開幕投手，並在日本職棒選秀會單獨指名了表明要挑戰大聯盟的大谷翔平。教練們對我說：

「總教練，你記得第一年那種亂來的感覺嗎？」

我心想：「嗯——等一下。」難道教練們懷念我第一年的亂來嗎？也就是說，最近的我接近正常了嗎？我告訴自己，不能忘記自娛自樂和帶給人們歡樂。

不抱持成見。不被人們視為常識的戰略和戰術牽著鼻子走。不能欠缺身為棒球人的觀點，但是就順序而言，首先是善用人，其次才是棒球，最後是戰術和戰略。

我的一貫主張是，如果被棒球的常識牽著鼻子走，就不會產生雀躍感了。

世人如何說我皆無妨，我所做之事唯有我知

世の人は我を何とも言わば言え
我が成すことは我のみぞ知る

這是日本江戶幕府末期志士——坂本龍馬吟詠的和歌。它的意思應該是：

即使被世人嘲笑、即使未被理解也沒關係。自己的優點只有自己知道，只要自己理解就足夠了。

我總覺得在這句話中，蘊含了「即使別人不懂我，神明懂我就好。不，就算神明不懂我，我自己懂就好」的決心。

自己懂就好這種態度，或許會讓人有一種自我本位且利己的印象。但是，龍馬的想法應該正好相反。他將「我要將日本重新清洗一遍[2]」銘記在心，朝自己該做的事勇往直前。他不在意別人的評價等，或許連在意的閒工夫也沒有。

二〇一九年系列賽時，我納入了被稱為「開賽者」（Opener）的戰術。大聯盟的坦帕灣光芒隊自二〇一八年系列賽起，正式採用這種投手接替方式，將原本做為後援投手起用的投手，用於先發，將第一、二局等較短的球局交給他之後，先發投手做為長中繼投手。

這項戰術的優點是抑制被先發制人的機率。始於一棒打者的第一局從攻擊方來看，能夠得分的可能性高。讓正職是後援投手的投手壓制對方

2 原文為「日本を今一度　せんたくいたし申候」，是一八六三年龍馬寫給姐姐乙女信中的一句話，其後成為龍馬為人所知的名言。

的前段棒次，不將比賽的主導權交給對方。

系列賽開幕戰之後的四月二日，在對戰東北樂天金鷲隊的比賽中，我試著使用了開賽者戰術。先發的加藤貴之以無失分，壓制住第三局，自第四局起，交棒給強尼．巴貝多（Johnny Barbato）。我也交給他三個球局，以一失分撐住了。接下來，我派了四名投手上場。這場比賽以一比三輸球，但是我本身對於開賽者戰術有了感覺。

一般人認為開賽者戰術是在補足先發投手的人手單薄。有人指出：「後援投手們的登板次數增加，到了系列賽末會不會非常疲憊？」也有人對我直言：「這簡直是亂來。」

我小心地注意選手的狀況，絕對不讓他們勉強。有人受傷是整個球隊的損失。

我之所以採用開賽者戰術，是為了盡量提高當前比賽獲勝的機率，哪怕是百分之一也好。在此同時，我想要發掘棒球的可能性。

理論和慣例雖已成形，但仍有許多不同的做法。我希望自己在二〇一九年的成功和失敗，能成為未來棒球界的指引。即使只是做為參考也好。我相信接下來的一代領導者們，一定會善加利用。

棒球是更加深奧的運動。我想超越理論、慣例和常識，不斷創造新事物。

即使在這個過程中遭受批評，我也不在意。坂本龍馬也沒有將批評的理由推到誰頭上，或者責怪誰。首先，要反省自己，讓問題點浮現，然後不斷精進。

我從「不知道身邊人如何評價自己」的不安和擔憂中，解放出來，將心思置於「無的境界」。如此一來，就會清楚看見問題的所在。能夠清楚看見之後，也能找到解決的頭緒。因此，事情會順利進展。

不囿於私利私欲，如同心繫國家未來、展開行動的龍馬，我也想對棒球貫徹「仁」與「義」。

人的價值＝對工作的熱情×心靈的純潔

人間の価値＝仕事への熱心さ×心のきれいさ

這是化學家——永海佐一郎所說的話。

我的理解是，無論是對工作投入熱情還是內心的純淨，這兩者都與我們是否純粹地活著有關。

是否賭上人生，致力於工作，這是由他人評價的事情，關於心靈，我不敢肯定地說自己「宛如白紙、純潔無瑕」。既然如此，我至少想要擁有一顆溫暖的心。我問自己：「你也能持續擁有內心的溫暖吧？」

二〇一九年季賽的火腿隊，從台灣球界迎來王柏融。他擁有「大王」的稱號，在台灣職棒於二〇一六年、二〇一七年，敲出超過四成的打擊率，二〇一七年是獲得三冠王的頂尖打者。二〇一九年九月，我們和二十五歲的他簽了三年約。

他是藉由入札制度轉隊，所以採取投標。若競價金額成為決定因素，我們就處於不利地位。有很多球團可能願意支付比火腿隊更高的金額。

但是，我們獲得了交涉權。

我們和他原本隸屬的樂天桃猿隊，曾於二〇一八年三月交過手。火腿隊的工作人員，用心接待來自台灣的造訪者。我感覺王柏融受到火腿隊的氛圍和球迷們的熱情所吸引，這可能也促成了他的加入。應該是與火腿隊相關的所有人的「誠」，打動了台灣球界超級巨星的心。

他本身的為人也非常「真誠」。在台灣舉辦的加盟記者會，聚集了超過一百名媒體記者。

在提問環節中，記者不斷提問，但是他以自己的話語仔細回答。他沒有避重就輕，也不說廢話。我想像他努力打棒球的態度應該也是一樣，而實際上，穿上制服的他果然很認真。他耿直地面對棒球。

除了王柏融之外，火腿隊的選手都熱愛棒球。我也不能輸給他們。我同時借助了教練們的力量，培育選手。在球隊裡，必須具備「真正的內心溫暖」。

若要具體說明「何謂『真正』」，應該是不求回報的純粹誠意吧。以這樣的心態來對待選手，並帶著「希望幫助這位選手成長」的溫暖感受，可能會成為選手意識到自身課題的契機，也可能會讓他將我的話語視為自己的事情來接受。

我想著，就這樣親近選手一百次，如果在第一百次傳達出這份心意就很好了；倘若直到第九十九次都沒能傳達成功、但就此放棄的話，這些話語終將變成表面的虛飾，我只能承認自己並未擁有那種「真正的內心溫暖」。

假使在第一百次還是無法傳達成功，那我就只能在第一〇一次再度嘗試傳達了。

2018 年 12 月 19 日在台北舉行的新聞記者會上，栗山英樹與身穿北海道日本火腿鬥士隊新制服的台灣球員王柏融（右）合影。這位起步自中華職棒 Lamigo 桃猿的 25 歲外野手，繼陽岱鋼（2007-2016）後成為第二位效力火腿隊的台灣好手。（DAVID CHANG/EPA-EFE/Shutterstock）

K A I
TYLBM
2016

勿拘泥於不合時宜之事

時宜に叶はざる事は拘泥すべからず

佐藤一齋是日本江戶幕府末期的人，為了出身地「岩村藩」所選定的《重職心得箇條》，是現代也很實用的領導者論。它模擬聖德太子的《十七條憲法》而成，共計十七條，身為總教練的我，十分重視「採納許多人的意見，下公正的判斷」、「摒除私心，善用討厭的人」，以及「不拘泥於規定，順應時勢」這幾項教誨。

「勿拘泥於不合時宜之事」摘錄自第四條。將全文翻譯成現代文，則是「在處理問題時，應該考慮時機，首先擬定自己的方案，再參考先例。

無自身方案而直接依循先例，通常會產生負面影響。」

火腿隊有一位選手名叫白村明弘。他於二〇一四年進入職棒，身為投手出賽，第二年（二〇一五年）以中繼投手的身分，在五十場比賽中登板。然而，近年來因身體出了毛病，在一軍的登板次數減少。

我一直在思考，該如何善用白村這位選手。我和教練、總經理一再討論，我們讓他從二〇一九年系列賽的春季集訓開始，轉向成為一名打者。

白村是二〇一三年日本職棒選秀會的第六名，投入職棒第六年，二十七歲。我想像五年後、十年後，他累積了怎樣的經歷時，認為若要勸他轉為野手，這時應該正是時候。

根據投手轉為野手的先例，十分有可能成功。舉例來說，糸井嘉男和白村一樣，大學畢業後進入職棒，第三年轉為打者。他在火腿隊後歷經歐力士猛牛隊，然後隸屬阪神虎隊，獲得打擊王、盜壘王、最佳九人獎、金手套獎等頭銜，三十八歲的他在二〇一九年系列賽亦做為主力球員打球。

白村從進入職棒前，就以高度體能受到矚目，其實我甚至一度認為他和大谷翔平一樣是二刀流。身為野手，強壯的肩膀應該也會成為武器。

二〇一九年系列賽的前半比賽，他沒有機會在一軍出賽。不過，糸井也是從投手轉為野手的第三年，才成為一軍的固定成員。

白村是左打的外野手，在打擊、守備上，比隊友更努力練習好幾倍。等到他終於做好準備，能夠在一軍大顯身手，我必須抓準時機，讓他升上一軍。當然，前提是我從一軍、二軍的教練那裡獲得許多意見，下了公正的判斷。

若人類無法做到，則將被環境所支配

人間が出来ないと環境に支配される

這是安岡正篤的名言。全文是：「人是創造環境的存在，這就是人之所以為人的原因，也是擁有自由的理由。換言之，人具有主體性和創造性。因此，自己愈偉大、就愈能創造出優秀的環境。若人類無法做到，則將被環境所支配。」

職棒有主場比賽和客場比賽，主場比賽能夠從自家往返，在使用習慣的環境比賽。當地的球迷容易前往球場，相較於遙遠的客場比賽，能夠接收到熱情的鼓舞。

在主場比賽中，條件本應是有利的，但火腿隊有時卻無法好好利用這些條件。

二〇一九年四月十二日，我們前一天在福岡和福岡軟銀鷹隊進行夜場比賽，下午兩點抵達北海道的新千歲機場。選手們踏入球場時是下午三點二十分左右，晚上六點開始比賽。對戰對手千葉羅德海洋隊的選手們，比我們早開始暖身。

千葉羅德海洋隊前一天是主場比賽，從羽田機場到新千歲機場的航班班次多，因此能夠從容地進入球場。

我們如果也從福岡經由羽田，就能更早抵達。然而，為了確保睡眠時間，消除轉機的負擔，我選擇了直達航班。

比賽以四比一獲勝。比賽後，我被問到移動方式，我說：「當然，在一個良好的環境下進行比賽是好的，但我也認為人類可能會因為環境太好而退化。我認為，那些一直將這樣的事情拿出來討論的球隊，是無法獲得勝利的。」

環境這種東西在大多數的情況下，自己無法控制。像是比賽因下雨而停止、要搭乘的飛機延誤、遇上塞車而減少比賽前的練習時間等，人無能為力。

重要的是接受方式。

假如因下雨而停止，就認為「棒球之神要我們今天別比賽」。不要悲嘆無法比賽，而是開始做其他準備。

舉例來說，在比賽中，可能只有四或五次的打席機會，但如果比賽取消，就可以擁有一到兩小時的打擊練習時間。同樣地，也可以進行相當程度的跑步訓練。我們向選手們傳達的並非「因下雨停賽感到可惜」，而是「應該思考如何將這段時間變得較比賽時更充實」。

若人類無法做到，則將被環境所支配——這只是把環境當作藉口。實際上，應該保持主動性和創造力，不斷努力，將所處的環境轉變為更接近最佳狀態的條件。

如果缺少什麼，打造即可；如果時間不足，擠出時間即可。主動且自由地行動，發揮想像力正是人的優點，切勿成為受到環境左右的人。

天之道，其猶張弓與

すべては反対から始まる

這是《老子》中，針對事物道理所說的一句話。其中使用了「如拉弓射箭」的比喻，教人理解往反方向前進之意。

許多我在比賽中被迫下的決斷，倘若慢慢思考，就會出現答案。

在這個球局中、這個分數差距、這名打者、這名跑者，守備位置稍微後退比較好，或者稍微前進比較好——如果我花時間整理這些情況，雖然不能保證結果完全正確，但我可以得出答案。

然而，實際情況可能在瞬間發生變化。沒有足夠的時間做出決斷，局勢可能與預期不同。

當我下意識地皺起眉頭、感到困惑的時候，我會將目光轉向對手的總教練。接著腦中突然閃現一道明亮的靈感。不再考慮我們應該如何防守，而是從「對手的總教練可能不喜歡什麼」的前提出發，答案往往能夠迅速浮現出來。

將始於相反的事落實於日常的行動中，會讓人「具有發想的寬度」。不要心想「這個案例就該這樣」，以僵化的價值觀判斷事物，而是意識到相反那一面，就能遇見不同的景色。我也感覺到這句話是在建議我們「謀求思考的平衡」。

如同有「平衡感」一詞，行動和發言均衡的狀態會讓身邊的人安心。事情進展順利。

在了解這一點之後，接下來是自己要如何行動。基本上，我知道自己必須追求均衡，但做為教練，有時會故意採取相反的方式來決勝負。因為在奉行傳統理論的比賽中，勝率可能較小，所以我會展開一場大決戰。

特別是在短時間的對戰中，我會敢於採取果斷的策略。

如果火腿隊是絕對的優勝熱門，那麼我們理應採取傳統的戰略。然而，我們並不處於這樣的優勢地位，因此我會採取對手意想不到的策略。

在二〇一九年七月十六日對福岡軟銀鷹隊的比賽中，我們透過進攻策略獲得了勝利。比賽進入第九局，比分是二比二平手，一棒打者中田翔選擇四壞球保送，讓代跑選手上壘。

假如第九局以無得分結束，進入延長賽，就會變成少了中田的打線。福岡軟銀鷹隊剩下的投手比我方多。然而，我方站在挑戰者的立場，正因為處於艱困局面，所以必須持續進攻。

結果第九局奪得一分，以三比二獲勝。

那並非是做好了犧牲準備的魯莽戰術。為了縮短和暫居第一的福岡軟銀鷹隊之間的勝差，我方面臨了輸不得的比賽，於是反其道而行，一決勝負。

不要試圖有好表現

うまくやろうとするな

平澤興是前京都大學的校長，他在著作《一日一言》中寫道：「不要試圖有好表現」。這聽來像是老生常談，但是對於面臨二〇一九年系列賽的我，這是非常有感的一句名言。

有一位選手完美地貼合了平澤先生的話語，並付諸行動。

二〇一八年十月十一日，在札幌巨蛋結束例行賽之後，舉辦了感謝各位球迷的主場最終賽典禮。依照每年的慣例，一開始選手會長——中島卓也站在麥克風前。

「感謝各位在本系列賽也熱情地替我們加油。但是我們沒能達成球隊的目標、回應各位球迷的期待，獲得聯盟冠軍……。」

雖然聽來說得流暢，但是中島本身大概覺得講得不好，經過短暫沉默後，他說「抱歉，我重來一次」，並低頭致歉。

舞台上的眾人漾開一片笑意。我也不禁苦笑，但是中島的演講很棒，令人感受到他不矯飾的為人。

凡事試圖有好表現時，「必須動用智慧」、「必須運用技術」這種想法就會運作。有時候說不定得使出耍小聰明的花招。真誠和真心被拋在一旁。

縱然進展順利，那也稱不上誠心誠意。既無法打動誰的心，也無法給予感動。我希望能耿直、憨直、一步一腳印地持之以恆。

在職棒發光發熱的選手，有不少人從小就是當地的明星，在眾人吹捧之下長大。因為幾乎不曾在人前丟臉，所以無法坦然接受失敗。往往逃避丟臉之事。

中島重振旗鼓，在一陣吵雜聲中，重新面向麥克風。

「我們沒能達成球隊的目標、回應各位球迷的期待，獲得聯盟冠軍，系列賽在懊悔的心情中結束。但是，我們有機會能夠成為日本第一。所有隊員尚未放棄。接下來是高潮系列賽第一輪、決賽輪，和在對手主場進行的比賽，我們希望能夠團結一致，在這座札幌巨蛋再次拼搏，努力爭取勝利。」

選手會長展現了可靠的決心，這句話獲得場內觀眾熱烈的掌聲。他的致歉和重新振作的姿態，以及之前不斷努力但未取得好成績的過程，最終成為了有效傳達中島內心想法的演出。

老子留下「善者不辯，辯者不善」這句話，也加強了「不要試圖有好表現」的思想。若過著「善」的生活方式，就不會自我吹噓「我是這樣做」或者「我努力到了這個程度」。唯有當自己感到不足時，才會不由自主地讓這些話語脫口而出。

參與早期電腦及網路開發的美國發明家道格拉斯．恩格爾巴特

（Douglas Engelbart）說：「人成熟的速度和他能夠忍受多少恥辱成正比。」

中島的人性應該也透過那一天的致辭，更進一步。而看著他的隊友肯定也抓住了成長的契機。

當你追求自身熱愛的事物，你會不斷改變。而這種變化代表了成長

自分の好きなものを追求していくと、
どんどん自分が変わる。
そして変わるということは、
成長するということです

這是養老孟司的名言，他的著作《傻瓜的圍牆》（バカの壁）於二〇〇三年成為銷售超過四百萬本的暢銷書。對我而言，它是能夠適用於各種場合的箴言。

二〇一九年五月一日，新年號「令和」的時代揭開了序幕。回顧歷史，棒球從美國傳入日本是在明治時代。棒球熱在學生之間迅速擴散，儘管有些報紙對棒球進行了負面宣傳，但在昭和時代，許多前輩們為棒球的發展付出了心血，職業棒球成為日本的體育文化；進入平成時代，即使企業對於體育的態度發生變化，但由於相關人士的努力，職業棒球仍然獲得球迷的喜愛和認可。

我從平成時代跨至令和時代，擔任火腿隊的總教練，想讓職棒比過去更具魅力，提出新的可能性，向各位球迷展示新的趣味。

在對戰歐力士猛牛隊的開幕三連戰中，採用的守備可說是其中之一。對手的第四棒是在日本武士隊（日本棒球代表隊）[3]中、亦擔任第四

3此指世界棒球十二強賽（WBSCプレミア12）。

棒的吉田正尚。壓制他直接關乎勝利，因此我將三壘手配置在一、二壘之間的後方。

在進行了六次打擊後，我們改變了配置，成功地將吉田壓制在一安打。然而，我個人完全沒有使用布陣防守（Shift）戰術的意圖，只是想確實鞏固被擊出之球所飛及範圍的防守。這是一套基於資料統計學的理論，美國大聯盟已先行採用，但我並非單純地效仿美國。我認為，我們必須創造出一種新的策略，以連接日本棒球與下一代。

我和以往的常識劃清界線，如果失敗的話，應該會遭受批判。我個人也意識到了其中的負面影響，並且持續吸收教練和球員們的坦誠意見。無論如何，我將繼續通過改變思維去探索新的可能性。

縱然受到嚴格目光的對待，我也毫不畏懼，在自己相信的道路上邁進。我相信追求我熱愛的棒球，會使我、火腿隊和職棒成長。

一日暴之，十日寒之，未生者也

一日之を暴(あたた)め、十日之を寒(ひや)さば、未だ能よく生ずる者有らざるなり

這是孟子的名言。它的意思是，即使努力，但是怠惰多於努力，就學不會。凡事持之以恆很重要，如此一來，就能逐漸獲得成果。

二〇一八年，我在比賽中起用新星——清宮幸太郎，數度遭受評論家和記者提出類似的指摘。

「對於清宮的守備，不會感到不安嗎？」
「清宮的守備是職棒選手的水準嗎？」
如果被人問到清宮的守備好不好，我會回答「不好」。話雖如此，我不認為他沒有達到職棒選手的水準。太平洋聯盟有指定打擊（Designated Hitter），也能避免守備的負擔。
我個人對於他的守備，沒有感到不滿。因為清宮本身積極主動地變強。
他成為職棒選手的第二年（二〇一九年），期待著系列賽的開幕戰。在亞利桑那州和沖繩的集訓，我也感受到了迸發的熱情。因此，他和他的家人，以及替他加油的各位球迷，或許一時之間都無法接受三月上旬明顯的右手骨折。
我本身也有預感，他在第二年會大放異彩，因此他受傷脫隊令我非常遺憾。儘管如此，我指示訓練員們：「你們要徹底鍛鍊他的下半身！你們現在就當作再次重新鍛鍊身體的機會來了，推幸太郎一把！」

此時，我腦海中浮現的是「一日暴之，十日寒之，未生者也」這句話；塩沼亮潤「每天都應該完成應做之事，在能夠努力時盡力去做，然後把努力積累起來。」這句話同樣讓我心有所感。

若試圖積累努力，就會重新檢視每天的行動。除了努力讓眼前的事情進展順利之外，也要致力於從前沒做過的事。

舉例來說，在早上起床的瞬間，試著告訴自己：「我今天要接受別人給我的建議。」往往那一天伴隨行動，但是隨著比賽的日期逼近，不小心就忘記了。明明對方是為了我好、給我建議，但是另一個自己在心中反駁：「不不不，他一定沒有那麼好心。」如此一來，就沒能做到積累努力。

關鍵在於每天的態度。塩沼還說：

「即使擁有多麼出色的天賦，如果不努力，你將永遠無法充分發揮自己的潛力。」

二〇一九年五月三十一日，在對戰歐力士猛牛隊的比賽中，清宮做為一壘手首次打滿全場。賽後，他高興地說：「棒球是一項需要防守的運動，我覺得自己終於可以打棒球了。」

如果持續抱持想要變強的熱情，人就能夠成長。我想要過著將持續努力轉變成力量的每一天。

前兆與徵兆

萌(きざ)しと兆し

我在第一章中，引用了《易經》裡的「履霜堅冰至」，我理解這句話強調了觀察跡象的重要性。除此之外，《易經》裡還有關於「前兆」和「徵兆」的描述。

「前兆」指一目瞭然的變化，像是風有春意，氣溫上升、花朵含苞待放，而「徵兆」則有些模糊不清的意味。例如「最近天氣有點冷了」或「似乎要變天了」這一類肌膚感受到的變化。儘管沒有明確的根據，也無法看見，但是我們能接收到其中的差異。

在比賽中，我努力做到「立即判斷、立即決定、立即行動」。

要理解這一點，最簡單的方法就是追求進展。總之，只有進攻。透過貫徹進攻的態度，找出活路。因為不能坐以待斃，所以若有幾個選項，就選擇較具攻擊性的。沒有猶豫半天的餘地——話說回來，根本無暇猶豫。

相對而言，處於領先的局面反而更加困難。在遊戲結構的安排上擁有彈性。換句話說，因為有更多的選擇，容易陷入「哪個是最好的選擇」的思考中。

無論如何，決斷往正面或負面發揮作用的分歧點，在於「事先看出徵兆，做好準備」。

讓我們來剪輯一段比賽場景。

在火腿隊進攻的場景中，一出局二壘有人。

要直接讓下一位打者打擊，或者派出代打選手？

假如派出代打選手，接下來該怎麼做？

當出現一出局，一、二壘有人的情況並且對手更換投手時，打者應該怎麼做?他需要在大約十秒內、甚至更短的時間裡,迅速考慮從一個決策中衍生出來的各種可能性。

準備是將想法具體化,預先做好假設。但在閱讀局勢的過程中,可能會半路殺出程咬金——產生意想不到的發展。

教練會立刻問我:

「總教練,怎麼辦?」

情況和我的預期不同,但是沒有餘地。我必須在瞬間給出答案。即使是火腿隊進攻時,我也會針對下一局的防守思考。

直接讓代打選手進入守備嗎?派出不同的選手嗎?接下來的中繼投手怎麼辦?必須一面預測未來,同時按照眼前的局面,做出最適當的判斷。或許從事股票交易的人,能夠切身理解。

預測未來是透過經驗來鍛鍊,但不能僅僅將經驗套用在所有情況上。為了不錯過任何細微的變化,並將其轉化為積極的線索,我不會忽視任何徵兆。

君子終日乾乾，夕惕若厲，無咎

君子終日乾乾し、夕べに惕若（てきじゃく）たり。厲（あや）うけれども咎（とが）なし

二〇一九年夏季，我的母校創價高中在全國高中棒球西東京大賽中，晉級至冠亞軍之戰。距離甲子園，僅剩一步之遙。

我高中三年級時，在春季大賽晉級至東京都的前四強。在爭奪夏季甲子園出賽資格的西東京大賽中，被指名為第二種子隊。學校方面也抱以

高度期待，但是在八強戰因分差過大而提前結束比賽，苦吞輸球。身為王牌的我深受打擊。

在看不到晉級賽頂點的八強賽，非但不是勝負難分的激戰，而是因分差過大而提前結束比賽，這種結果令我淚流不止。彷彿全身關節脫臼般的無力感襲來，眼淚遲遲停不下來，好像連內心都濡濕了。如果有人問我：「人生中哭得最慘的是什麼時候？」我會毫不遲疑地回答：「高中最後一場比賽後。」

二〇一九年，在同樣的大賽上，我的母校球隊晉級至冠亞軍之戰。在比分二比二的情況下，於第九局失去了兩分，最終被國學院久我山高中擊敗。

對於高中球員而言，距離夢想的舞台「甲子園」只剩一步，真的只剩一步之遙，但是變成輸家。選手們的深沉悲傷，肯定是我完全無法想像。

我想要送給他們的是《易經》中的這句話。

「乾」是指不畏失敗，鬥志全開地向前邁進，「乾乾」能夠解釋為竭盡全力。然後，當夜晚來臨時，我們會反省當天的自己，對照當日的行為，檢查哪些地方需要改進，並整理出「明天這樣做吧」的想法。

別只是嘆息著「如果我這樣做就好了」、「要是我那樣做就能順利」，而是要培養「下次要這樣做」的思維，這樣能夠讓能量湧動並充滿活力。

在以進入甲子園為目標的緊張較量中，而且一直堅持到第九回合，這樣的經歷將在三年後、五年後、十年後比現在更具重要意義——這不僅是做為棒球運動員，也是做為一名社會人士所能體會得到的。

全日本只有四十九所學校能夠在夏季甲子園出賽。除了我的母校創價高中外，肯定還有許多高中球員淚灑球場。

夏季在高中的社團活動中，是新舊交接的季節。高三生將夢想託付給學弟妹的景象，應該不僅限於棒球。

你透過體育感受到的懊悔，是非常、非常寶貴的事物。請今後也盡全力度過每一天，並且在返家後，反省那一天的自己。那一定會成為堅實的累積，讓你的人生綻放光芒。

學而不思則罔，思而不學則殆

学びて思わざれば則ち罔し。思いて学ばざれば則ち殆うし

二〇一九年六月十二日，在對戰廣島東洋鯉魚隊的交流戰中，我指派吉田輝星為先發投手。

在二〇一八年的夏季甲子園中，吉田帶領著秋田縣的金足農業高中邁向亞軍。秋田縣的縣立高中——而且還是農業高中——在值得紀念的第

一百屆大賽中，躋身決賽，因此颳起一陣「金農旋風」，身為王牌的吉田備受關注，進入了職棒。

我想，媒體和球迷也很關注這位日本職棒選秀會第一名的新星，何時會首次登板。我本身早已決定起用他做為先發，好像也有報導寫道「職棒首次登板首次先發」，這可能也引起了一些人的驚訝。

關於吉田的晉升一軍和先發起用，包含評論家在內，我聽到了各種意見。我本身的感覺是，許多人認為為時尚早。其理由應該是他在二軍並未留下亮眼的成績。

從系列賽前的集訓起，「讓他早期在一軍出道」的構想就在我心中加溫。新星的培育方式大致上有兩種，分別是不斷使用和慢慢培育。我認為吉田屬於前者，便下定決心讓他在六月於一軍出道。

我在六月十二日前後的筆記本上，寫下了本篇所提到《論語》中的一句話。

做為沒有職業成績的新秀球員的使用方法，先在二軍取得成績後再升上一軍，這個做法是合理的。周圍的人能理解，風險也較低。

然而，如果從培養能夠在一軍中立於不敗之地的投手開始逆向思考，讓他和一軍的打者對戰，會是最直觀的方法。相較於用言語解釋「什麼是職業球員？」、「一軍和二軍的差異？」，讓他們親身感受，會更有說服力。

如同「學而不思則罔」這句名言所述，我們的目標是通過將學習的知識與實踐經驗相結合，使吉田掌握一軍的水平。當然，我們並不打算犧牲勝利來讓吉田積累經驗。一開始我們考慮在他被對手連續打擊時，進行更換，但他在前五局只丟了一分，為球隊穩健地奠定基礎。最終，他成為了勝利投手。

廣島東洋鯉魚隊的先發是大瀨良大地。他連續於二〇一七、二〇一八兩年獲得二位數勝利，二〇一九年則擔任開幕投手的王牌。因為是難以奪得大量得分的對手，所以應該對吉田造成了壓力。

所有火腿隊球迷無不引頸期盼著他的初次登板。在各個方面都承受壓力的情況下，他投了五局只失去一分。這個表現實在令人佩服，毫無疑問地值得讚賞。真不愧是王牌啊——我不禁如此想著。

說到後來的吉田如何，截至二〇一九年七月底為止，他只有在一軍的兩場比賽登板。出道賽之後，他主要在二軍度過。

關於這一點，也具有「思而不學則殆」的意思。我希望他善用在一軍登板獲得的事物，在二軍進一步提升。

我希望他不要對自己的學習感到滿足，並且要對自己是否真正學到東西有所意識。對於出生於二〇〇一年一月、現年十八歲的吉田，我對他的期望也同樣適用於出生於一九六一年四月、現年五十八歲的我自己。這是我對自己的一種勉勵。

第四章

堅信不疑

一般人說「如果時代改變，流行也會改變」，但是有些事物具有不變性。

舉例來說，像是熱門歌曲的歌詞。我出生於一九六一年，和一般人一樣聽音樂。從日本流行歌、偶像歌曲到西洋音樂，我不分領域地接觸，但無論是昭和時代、平成時代，或者年號改變成令和，都有一個頻繁聽到的詞彙。

在日文中，「信じる」是「相信」的意思。另外也有「想要相信」、「相信之事」等用法。相信某人，相信某件事，可以說是我們生活的基石。

「信賴關係」、「信賴問題」等與「信」相關的字眼，也會頻繁地出現在工作以及和朋友之間的對話中。相信，是生活中不可或缺的元素。然而，有時候我們無法完全相信對方，或者對方可能不相信我們。縱然是有血緣關係，人有時也會發生爭吵。「相信之事」和「可以被相信之事」之所以常用於日文歌曲的歌詞中，或許是因為它們非常困難。

明明仔細思考過對方的立場、狀況和心情，能做的都做了，但是對方卻不領情，看來不像是在回應我們的心情。一旦萌生這種情緒，就會在意芝麻小事，產生衝突的火種。

相信對方是不求回報。

每個人都有一顆善良的心。我們當然也有一顆關愛身邊人的心，甚至關愛路上的雜草。這是上天賜予我們的禮物。

重要的是，如何磨鍊自己的心。

與其感嘆「我這樣盡心盡力，他（她）卻沒有感受到我的用心」，不如心想「我還能為他（她）做一些事情。為了讓對方的內心綻放美麗的花朵，我要進一步尋找自己能做的事。」如果換個想法，相信的心情就不會動搖。

我們能夠溫和、有禮、真心誠意地對待別人。無論對誰，都能以體貼的心面對對方。撿起掉在路上的垃圾、整理大家使用的椅子，在公共設施的入口，如果鞋子雜亂無序，會自發地整理好。當有人為你做這些事情時，會感到很愉快，並激發起自己主動去做的衝動。

不僅為了身邊的人、而是願意為任何人奉獻自己——這種心意一旦擴展開來，你周圍的互助精神必定會蓬勃發展。在面臨困難時要互相幫助、共同克服的心態，也會日益蔓延。

不信任別人，可能就等於對自己的心靈施暴。我希望用雙手捧著與生俱來的菩薩心腸，悉心培育。

夫主將之法，務攬英雄之心，賞祿有功，通志於眾

夫（そ）れ主将の法は、務めて英雄の心を攬（と）り有功を賞禄し、志を衆に通ず

這句話出自「六韜三略」的《三略》。它的意思是，率領組織者必須抓住下屬的心、稱讚下屬的功績，讓自己的意志廣泛滲透組織。

下屬的「諫言」是「箴言」。假如下屬直接指出上司犯下的疏失，說

不定自己的立場就會變得危險。儘管如此，下屬仍鼓起勇氣、給予忠告。就勸戒上司這個層面而言，它應該是「箴言」。

如果對下屬的言辭置之不理，就無法充分利用人才。結果就是總按照常規處理，下屬會因此失去工作的積極性。即使這樣獲得了成功，下屬也會失去對工作的熱情。

如果不聽取下屬的意見、導致失敗，下屬會認為自己不需要負責，心想「反正我說過了」，並將責任推給上司。掌握人心，意味著珍視他人的意見。

針對無法掌握成功的組織進行分析，會發現上司普遍對下屬不夠重視。即使收入增加，也不提高下屬的工資，而是讓下屬工作而自己休息，予以不公平的對待。

上司之所以冷淡對待下屬，是因為想要守住、提升自己的地位、名譽、財產等事物。不過，成為上司的人在剛開始工作時，肯定也是滿腹不解，只顧埋頭苦幹。

不應該給上司、同事或客戶添麻煩；要盡可能增加自己能做的事情，希望能夠對周圍的人有所幫助——在剛開始工作時抱持的心情中，毫無私利私欲，也不會計算得失。

火腿隊擁有大約七十名選手。由於是個體經營者，因此根據賽季表現，他們下一個賽季的年薪可能會減少——有些球員因為簽有多年合約，在合約期內，或許不會大幅降薪——他們也可能轉移到其他球隊，或者選擇退役。在棒球生涯中，每一次上場、每一顆球，都將左右其命運。

在剎那間定輸贏的世界中拚命求生，導致神經持續處於緋緊的狀態。有時我們會難以接受結果，內心變得非常敏感。

然而，我希望你們能記住在少年時代，你們是多麼喜歡打球、投球、追逐——不要忘記初心，希望你們能夠堅持棒球，接受所有不順利。我希望七十名球員中的你們，都懷有這樣的心情，心靈的成長是一個非常緩慢的過程。

二〇一九年全明星賽前後，清宮幸太郎在打擊方面遇到了困難。他超過十場比賽，連續三十二打席未能擊出安打，打擊率低於兩成。

他在狀況不見起色的情況下，拚命努力練習。他曾說過：「如何善用遲遲沒有交出成果的這段時期，端看自己。」

倘若如此，總教練需要的是忍耐。我信賴幸太郎，並繼續起用他。有時可能不讓他先發上場，或即使先發起用他、也會在需要時派出代打選手。但無論他的成績如何，我都不會煩躁不安，也不會心急如焚。

我要端正自身，端正內心，光明正直地生活下去。我相信憨直的累積會影響身邊的人。像是平穩的波浪一樣，緩緩地擴散開來。

維持正直的內心，持續正直的行為、正直的用語、正直的努力，讓內心成長。我想要透過自己本身的成長，對組織造成正面影響。

所有居上位者，不宜有擅長的領域，不該有專業領域

すべて上に立つ者は、得意な方面があることが良くない。專門分野を持つべきではない

這是江戶中期的儒學家——荻生徂徠的名言。

我就任火腿隊總教練的第一年，在日本大賽中敗給了讀賣巨人隊；第二年在太平洋聯盟以最後一名告終；第三年在高潮系列賽的決賽輪，以些

微之差輸給了福岡軟銀鷹隊。

我擔任總教練，所以如果球隊不能贏球——原本就不強大的自信，歷經一次又一次系列賽，變得愈來愈弱小。軟弱潛入內心，我憑一己之力無法驅趕。

此時，我遇見了這句話。荻生徂徠是獲得德川第八代將軍——吉宗公信任之人，他說：「若是嫻熟某個領域，縱然不驕傲自大，看輕別人、不肯採納他人意見乃是人之常情。為了能夠坦然接受下位者的意見，最好不要嫻熟某個領域。」

假設我潛心研究打擊。一位打擊教練問我：「這樣的建議能糾正這位選手的打擊問題嗎？」縱使我回答：「是的，這是個好建議。」但在我腦子裡某個角落想的卻是：「不！不是這樣的。」我無法避免想要運用自己努力學習到的理論，很可能會不自覺地開口提出意見。我沒有意識到自己是自我中心的，無意間侵犯了教練的領域。

教練有各自的想法，而任命教練的不是別人，正是我自己。

既然如此，我就該信賴他們，交給他們處理。我該做的不是出一張嘴，而是確實採納教練的話，判斷那麼做是否恰當。

我總是告訴教練們：「你們比我熟知棒球，所以我請你們在這裡工作。」我並不是在貶低自己，也不是在吹捧他們，而是就客觀的事實，如此認為。我會毫不遲疑地聽取教練的意見。

話雖如此，我不會完全交給教練決定。我會下最終的判斷，不斷學習替那個判斷背書的知識。此外，我不會將學到的知識盲目運用，而是僅限提供「另一種觀點」。

換句話說，就是事先累積基礎。棒球有正確的投法及打法，但是什麼程度以下是「基礎」，什麼程度以上為「應用」呢？

基礎和應用之間的界線，會隨著時代而變化。在二十世紀和二十一世紀，職棒和商業都改變了，基礎的部分也必須升級才對。

在我成為總教練後，開始對於「正確」的事，進一步抱持疑問。說不定一般人認為正確之事，其實愈不正確；反對意見多的方法，說不定才是另一種有效的解決方式。我曾經學習去瞭解什麼是正確的，但從二〇一九年開始，我試著學習不去瞭解什麼是正確的，而是試著自問「是否有更好的方法？」

職棒是強者聚集的世界。如同字面上的意思，強者是指「強大的人」、「能幹的人」。偉大打者、知名投手的意見具有分量，具有令聽者遵從的力量。

不過，若說這是否適用於所有選手，倒不盡然。

江戶時代的俳諧師——松尾芭蕉說：「松的事向松學習，竹的事向竹討教。」它的意思應該是，不能不懂裝懂。容易迷失自我時、下決斷遲疑時、球隊未能交出成果時，我會重新思考荻生徂徠的名言。

深沉厚重

深沈厚重（しんちんこうじゅう）

呂新吾是中國的儒學家，他在名作《呻吟語》中提到：「比起思緒敏銳、高談闊論，沉默寡言、穩重的人比較好。」

自經典以來，恐怕沒有半個日本男性的形象符合此評價。我本身並非能夠保持沉默的人，所以相差太多了……。

若過於在意自己的評價、聲譽和謠言等，人會失去集中力。如果是職棒選手，那些對媒體批評忽喜忽憂的球員，在比賽中的表現會有波動；那些堅定朝著自己該走的道路努力並坦然前行的球員，通常會取得成功。

我們生活的世界可以通過社交媒體與任何人輕鬆地連結。乍看之下，似乎有著非常開放的交流，但也可能有許多人在意著他人如何看待自己；有些人可能會因為自己的貼文未能得到足夠多的「讚」，而感到沮喪。

並不是說不要在意他人的評價和眼光。想要得到上司或朋友的認可，是每個人內心都有的需求。

進一步來說，真的有必要在意別人給予的「讚」嗎？社群網站上的「讚」，會豐富你的內心嗎？

舉例來說，幾百年甚至幾千年前寫下的經典，時至今日仍被閱讀、對許多人有所裨益。仔細想想，這是多麼了不起的事情啊。

如果能夠以自己的生命為證據，留下痕跡，你所遺留的東西，在你不知曉的地方，必定會對某個人有所助益。說不定在你壽終正寢後，也會做為你的功績，萬世流芳。

自己的貼文得到許多「讚」，或許會感到有些驕傲。然而，即使沒有得到「讚」的工作，也肯定對某人有所幫助。因為社會的運轉，正是依靠每個人的小小努力打造而成。

我剛成為總教練時，曾遭受批判：「栗山這種貨色憑什麼當總教練?!」因為我身為選手時，並未留下亮眼的成績，被人說成這樣也無可奈何。

二〇一三年，大谷翔平加入球隊並以二刀流方式投入比賽。我面臨了連續來襲的猛烈逆風，不止一次地遭受批評，幾乎將我整個人吹跑。

有一件令我印象深刻的事。

二〇一三年六月一日，在火腿隊對戰中日龍隊的比賽中，大谷翔平獲得了職棒首場勝利。比賽後，（當時的）球隊統轄本部長吉村浩對我說：「總教練，我覺得幾十年後，棒球界一定會有人肯定你的做法。」

「該讓大谷專心當投手」、「大谷身為打者比較有成就」這種對二刀流的批判，光憑一勝消除不了。如果一敗，批判馬上又會像大火般熊熊燃燒。吉村總經理還對我說：「今後應該也會有各種批判。可是，總有一天會有人肯定你的決斷有助於棒球界。」

某個人說「這個不好」、「這個很糟」，是受到他的感覺左右。而那些不以感覺為準、而是以客觀資料為基礎的批評者，應該提出對方認可的依據。單純指摘「這個不行」的人，可能是因為與自身的感覺和價值觀不符，而予以否定——如此一想，周圍的意見就不再那麼讓人在意了。即使被人抱怨，也毋需沮喪。對於「為什麼被這樣說」，就讓想像力和內省發揮作用，現在的我也不必再深陷痛苦之中。

2023 年 3 月 27 日，領導日本武士隊於世界棒球經典賽奪冠的總教練栗山英樹，在東京的日本記者俱樂部記者會上發言，鼓勵年輕人通過棒球實現偉大的夢想。（The Yomiuri Shimbun via AP Images）

天真

天真

在森信三的《修身教授錄》中，出現了「天真」一詞。

根據日本的國語辭典，「天真」是指自然不矯飾，「天真爛漫」也是一樣的意思。如果按照我的方式，解讀森信三認為的「天真」，則是如何開發、表現「上天」賜予的內在「純真」。

如果自覺到自己心中的「天真」，就能對所有人和善，親切待人。希望對方變好的這種心情，會勝過「不想被對方討厭」的心情。

「明德」也具有類似的意思。為了他人，用盡所有人與生俱來、崇高顯明的德性。為了他人盡自己最大的努力，就是「明德」，應該會培育出一顆體貼的心。

我在東京養樂多燕子隊擔任現役選手的最後一個系列賽時，在總教練野村克也手下打球。野村總教練無論身為選手或總教練都很成功，他說：「唯獨王牌投手和第四棒可遇而不可求。」

如今站在總教練的立場，我才能理解那句話的意思。儘管能夠培育出好投手和好打者，但是要培育所有人都認同的投打「頂梁柱」很難。令隊友和球迷認為「如果他投的球被打擊出去、那也只能認了」的投手、「如果他打擊不到，輸球也只能接受」的打者，都是不斷磨練與生俱來的天分、萬中選一的人才。

我會遇到中田翔，純屬僥倖。我第一次看到他的打擊練習，感受到了一股被電流擊中的衝擊。他和其他人的實力截然不同，天差地遠。我「遇見了」未來代表球界的打者。

我一直讓他擔任第四棒。我認為「如果翔打擊不到，輸球的話，那就是我的責任。」即使沒有言語交談，他也明白我的想法。而我也感受到了他經歷一次又一次的系列賽，逐漸提升的自覺和責任感。

自從二〇一二年就任總教練起，我只有派代打選手上場過一次。

二〇一六年六月，火腿隊被第一名的福岡軟銀鷹隊以十一比五、拉出系列賽最大的勝差。不能再被拉大差距。我們於六月下旬獲得四連勝，二十七日面臨對戰埼玉西武獅隊的比賽。

追趕四分差的七局下，奪回兩分，兩出局一、二壘有人的局面下，打擊順序輪到了中田。

中田的狀況不佳。在最近的十場比賽中，僅止於四安打，這一天也連續三打席未打出安打而出局。他從上一組三連戰起，連續十打席無安打。

代打選手被叫上場的那一瞬間，札幌巨蛋響起了一陣驚呼。因為透過大眾傳播，各位球迷都知道「只要栗山英樹擔任總教練的一天，中田翔就是第四棒」這句話。

我指派為代打的矢野謙次（二〇一九年為球隊管理總部特命教練）以

四壞球保送，交給下一棒，再加三分，一口氣以八比七逆轉，直接獲得了勝利。比賽後，我被隨從記者包圍，針對派遣代打取代中田的原因，我解釋說是因為他腰部有些不適。

比起中田遲遲沒有擊出安打或腰的狀態，我更擔心他的心理。換作平常的他，處於這種局面，早已宛如阿修羅般燃起鬥志，但是我感覺到他對自己的懷疑像是烏雲一樣，籠罩腦海。

自隔天起，我連續兩場比賽將中田從先發球員剔除。

八月也發生了被媒體寫為「放棄職場」的事件。延長賽十一局下，他在一出局一、二壘有人的得分機會，站上打席未揮擊，站著不動遭到三振。中田對自己氣到發抖，不待比賽結束就想回家。

這場比賽最終以再見一擊獲勝，並未演變為放棄職場。我隔天叫中田到總教練室，拋出心中的「純真」。我想要盡自己最大的努力，面對他的心。中田也沒有發洩怒氣，選擇了表明真心。

他背負著第四棒的重責奮戰，我接觸到這個男人的苦惱和內心糾葛，儘管如此，我告訴他：「我信賴你。如果你認真比賽，輸了的話，我就能接受。」即使現在他聽不進心裡也無妨。我相信總有一天，他會深深地心有所感。

在這個系列賽中，火腿隊成為日本第一，中田個人榮獲第二次的打點王。他應該也自覺到「天真」，並在棒球方面付出了努力。

人唯有自己察覺並克服之事，才會真正成為自己的力量

人間は自ら気づき、自ら克服した事柄のみが真に自己の力となる

這是森信三的名言。他認為知識與經驗是不同的，就像「知行合一」的理念。這意味著我們需要自己思考、自己面對問題，經歷失敗並親自解決，才能真正觸及問題的本質。

做為教練，我通過不斷失敗來積累知識。

例如，在第八局下，我們落後一分，但我們創造了一出局一、三壘有人的得分機會。

在此之前，已經多次發生在同一個局面中遇到相同的情況。但是，對手的投手和我們的打者都不同。在比賽後期，使用代跑的機會將增加，但是壘上的跑者並非總是相同。即使狀況一樣，細微的設定也不同，就必須適時做出不同的判斷。棒球真的是活的。

就任總教練第一年，對於這種情況，我的判斷依據有三個。或許可以說，令我在意的事有三件。

累積身為總教練的經驗，我數度遇上八局下，一出局一、三壘有人的情況。如此一來，判斷依據就會增加為五個、八個、十個。

換句話說，判斷依據的增加，意味著目光能觸及到細微之處。這並不是壞事。

不過，要在短短幾秒內綜合多項細節，權衡判斷，坦白說非常困難。總之，沒有筆直連結最佳答案的線索，因此只能將一條條細小的線索縫進記憶中。

結果，時常覺得自己不懂的事情愈來愈多，深感自己缺乏身為總教練的能力。即使增加再多知識，也不過是紙上談兵，在實戰中一文不值。

這次假設八局下，無人出局一、三壘有人。

理論上來說，攻擊方即使打者擊出內野滾地球，也會讓三壘跑者奔向本壘。守備方想讓打者擊出滾向一壘或二壘的滾地球，在本壘封殺三壘跑者。倘若能做到這一點，目標就會切換成雙殺。

此時，如果無法成功雙殺，會怎麼樣？守備方儘管成功讓一人出局，但是也讓對方得到一分，而且在一壘留下跑者。如此一來，或許可以確實封殺三壘跑者，防止失分，再從一出局一、二壘有人的局面中，尋找雙殺的機會。

為了不讓三壘跑者生還，守備方該怎麼做才好？投手讓打者擊出滾地球，牽制三壘跑者，球傳向二壘，成功讓一人出局，刺殺衝向本壘的三壘跑者——

即使是一個狀況，進攻方式、防守方式也有好幾種。事先不知道答案。結果會變成正解。

因此，棒球既有趣又困難。我能做的是基於「棒球沒有答案」這個前提，不依賴知識。

一旦斷定有答案，我就聽不進教練們的意見。如果我建議：「這個局面要這麼做吧！」決定了方針，即使教練詢問我：「不是這樣嗎？」我也不會進一步思考：「對喔，可能還有那種做法。」我只是假裝聆聽，然後陷入單一的邏輯中。這樣無法進行討論。

我認為，人們是喜愛傾訴的。即使是文靜的人，應該也希望別人聽到自己的意見。

傾聽他人的意見會讓人有所感悟。有時候浮現腦海的問號，會因某個人的建議而變成驚嘆號。因此，「唯有自己察覺並克服之事，才會真正成為自己的力量」，但是應當採納身邊人的意見。

人必當積陰德

人は必ず陰徳を修すべし

這句話收錄於曹洞禪的語錄書《正法眼藏隨聞記》。

陰德是指不求他人注意或知曉的善行。這種善行不追求報酬或回報。陰德在各種經典中被提到。倘若對討厭的人撒謊，或者刁難對方，結果會讓自己的運氣變差。如果為了朋友犧牲自己，或者撿起掉在路邊的垃圾，就能抵消過去的惡行。

我們能夠最自然且馬上做到的陰德，莫過於懷抱感激之情。感謝我們在這個世界上的存在，感謝我們活在當下，我們會自然地想要對父母道謝。在套餐店和速食店匆忙用餐時，應該也能誠心地說聲「我要開動了」和「我吃飽了」。

二〇一九年五月八日，在對戰歐力士猛牛隊的比賽後，我取得了做為總教練的五百二十七場勝利。就火腿隊的總教練而言——包含前身球團[1]在內——排名第二。

在比賽後的採訪中，我自承「對數字不太感興趣」，這不是謙虛。並不是栗山英樹贏了。選手們獲得五百二十七場勝利，我只是碰巧坐在該球隊的板凳上。我內心充滿對選手、教練、球團工作人員的感謝之情。我說「我內心真的只有感謝」，深深一鞠躬。

對我而言，火腿隊應該贏更多。因為我的能力不足，導致許多比賽和勝利失之交臂。我無法將它們視為憑我一己之力累積的勝利。

無論是工作、私生活或人際關係，沒有人能夠做到十全十美。所有人都有優缺點。如果認知到自己本身也有缺點，應該就不會特別在意身邊人的疏失。你會認為「那個人不擅長的事情，我可以去做」。

為他人付出並不是為了顯眼，也不是為了炫耀。沒有「因為那傢伙不行，所以我不得已為之」的邪念，而是一種非常崇高的行為，不偏袒自己的利益。這種行為沒有自私的考量。

雖然我沒有孩子，無法理解為人父母的感受，但我認為父母對孩子的愛是崇高的。為了自己的孩子，他們願意做任何事情。沒有什麼是做不到的。甚至可以為了子女捨棄自己的生命，懷有類似義俠之心。

永遠放鬆、自然且不厭其煩地持續思考孩子的未來——我也想以這種心情，對待選手。若要為自己帶來好氣場，就必須為此付出，端看自己能在私底下為了他人盡多少努力。

---

1 火腿隊雖成立於一九四五年，但經營的球團經過數度更迭，於一九七三年十一月才正式由日本火腿（Nipponham）買下。

吾道一以貫之

一を以てこれを貫く

這是孔子的名言，收錄於《論語》。

以深深的真心，全神貫注於一件事。找到奉獻自己人生的事物，竭盡全力做到底。

我所追求的當然是棒球。我希望盡自己微薄之力為棒球的發展做出貢獻，開拓通向未來的可能性。為了實現這一目標，我將培養出更多的火腿隊的選手們。

火腿隊有一位選手名叫西川遙輝。他於二〇一六年和二〇一七年獲得最佳九人獎，於二〇一七年和二〇一八年獲得金手套獎，如今可說是球壇首屈一指的外野手。

西川於二〇一一年高中畢業，進入職棒，自我擔任總教練的隔年（二〇一二年）起，他就開始在一軍出賽。他的位置是二壘手，二〇一三年成為正式選手。他因受傷脫離戰線的期間，另一名選手做為二壘手嶄露頭角，之後他也曾被安排在一壘或外野位置上防守。

西川遙輝本人可能一開始很看重自己扮演二壘手的角色。然而，自二〇一四年起，我們決定讓他擔任外野手。雖然在啟用他為先發時需要考慮整個團隊的平衡，但我們想像了他在五年或十年後的光彩，發現相較於二壘手、外野手更適合他發揮。由於他已經成為獲得個人獎項的球員，從客觀上看，將他轉型為外野手是成功的。

我沒有問過西川本人「你想當二壘手嗎？」或者「你當外野手也可以嗎？」因為一旦聽到「我想以二壘手身分比賽」的聲音，我的決心可能會動搖。

無論如何，考慮到他的資歷，對照球隊的未來模樣，轉為外野手是最適合的。既然如此，不容遲疑。我決定以「一以貫之」的決心，守護著他。

我認為，人生是上天的恩賜。我身為人誕生，遇見棒球，受惠於指導者和朋友，愈來愈喜歡棒球。我想成為職棒選手，父母支持我的願望，推了我一把。

退出第一線後，我獲得體育主播的工作，得以在媒體工作超過二十年。而火腿隊聘請如此長期離開第一線、而且沒有指導者經驗的我為總教練。

正因為有身邊的人，才有如今的我。對於棒球，我能夠「一以貫之」。若能取得堪稱為「成果」的東西，人們可能會想要褒獎自己。告訴自已「我是個有能力的人」，自信可能會在心底膨脹起來。

但是，如果認為自己的人生是別人給的，是有周圍人的支持才得以實現的，又會如何？這時或許會開始思考「自己原本可以做得更好，我還有更多潛力能夠發揮」。想要完成一件事的強大意志，應該會充滿全身。

信賞必罰

信賞必罰

韓非是中國戰國時代知名的法家代表人物，他在著作《韓非子》中提到：「對於君主而言，相信別人有害；若相信他人，就會受制於對方[2]。」他認為，下屬可能會背叛君主，為了防止被背叛，應以嚴明的賞罰相待。他批判孟子主張的性善說是樂天主義。

在這裡，我們要談的是領導者容易陷入的「自我」。

2 語出《韓非子．備內》，原文為「人主之患在於信人，信人則制於人」。

稱讚員工「你做得很好」的「獎勵」，領導者會主動親自表揚；但是，在遇到「懲罰」員工時，你是否會交由手下的部長或科長去執行？

二〇一九年系列賽開幕戰前，我曾向齋藤佑樹道歉。儘管他在開幕戰持續好投，但是我遲遲無法讓他在長的球局投球。因為有許多選手必須達到球局數，他確實地展現了個人魅力。他的投球值得讚許，但是我卻沒能給他舞台好好表現，因此我向他致歉。

人們會避免說難聽的話，是因為不想讓對方對自己反感。但是，人類更在意那些能夠施加「懲罰」的人，而不僅僅是給予「獎勵」的人。簡單來說，就是會聽從讓人害怕之人所說的話。

如果要將一軍球員降到二軍，我會親自告知球員。

有些被宣告去二軍的球員會向我發脾氣。若將傳達任務交給教練，可能只會被告知「球員的態度很煩躁」。我無法感受到球員們是因為不滿被降級而煩躁，還是因為自己表現不佳而煩躁，唯有親自會面才能真切感受。所以我選擇直接和他們交流。

韓非還說：「君主別讓臣下察覺自己的好惡[3]。」如果被臣下掌握自己的弱點，就有被逼上絕路，或者遭到滅亡的危險。正因為活在和死亡毗鄰而居的中國戰國時代，他才會強調嚴格對待臣下、保持自身威嚴的重要性。

做為組織的領導者，韓非提出了「倒言反事」的心理策略。這是有意說出與事實相反的話，來探尋對方的反應。也是一種從畏懼反抗自己的臣下（或者已經造反）身上，巧妙引出對方真實想法而不被察覺的方法。這種溝通策略在現代也在無意識中被使用著。

我本身站在性善說的立場，所以我會從相信對方開始構建人際關係。然而，人的感情是多變的，容易受他人影響。

在人際關係中，可能發生「被信任者背叛」的情況。遭到背叛，當然傷心，但是背叛是有理由的，我會責備未能察覺的自己。在背叛他人前，

3 語出《韓非子．主道》。

內心有許多糾葛，在該過程中，也一定會發出訊號、求助。我必須糾正自己未能發現這些跡象的問題。

愈討厭的事物，愈窮追不捨

嫌うは嫌うほど追いかけてくる

這是塩沼亮潤的名言。據說就連完成「千日回峰行」的塩沼，也有他認為「跟自己不對盤的人」。但是，完成修行、偶然遇見那個人時，塩沼主動向對方搭話。那個人停下腳步，對他說了許多話。

據說臨別之際，塩沼哭得涕泗滂沱。因為他意識到自己目前為止，自我本位地拒絕對方，給對方造成困擾。

無論是工作或人際關係，討厭的事物會窮追不捨。若是心想「我和那個人在上次工作中合不來，如果可以的話，我再也不想見到他了」，下一個專案又會和對方同一個團隊；若是心想「我再也不想做這個工作了」，不知為何，又會受到委託。

在棒球比賽中，投手有緣遇上什麼樣的打者，也是無法預期的。壘上有人時，通常就會輪到與投手極有緣分的打者上場打擊。這是打者得分的機會，而且通常這種時候，投手也無法期待打擊順序發生變化。

如果我們對某人感到討厭或不喜歡，一定是有原因的。可能是因為曾經歷過挨罵或被責難的經驗，導致心中封閉或變得堅定。應該沒有人會毫無理由地發怒。

倘若如此，接下來就應該努力，不再讓人生氣。我們應該改變成這樣的心態，想著「這次我要做得更好，讓那個人誇獎我」。

那些讓我討厭的人，實際上是告訴我自己還欠缺了什麼，是幫助我成長和自我鍛鍊的存在。

若試著從不同角度看待「討厭」這種感覺時，則過去討厭之事，將成為我們獲得寶貴經驗的機會，讓我們得以學會感恩。

每個人都會有合得來的人和合不來的人。有些人可以坦率地展示內心，有些人則更傾向於用委婉的措辭隱藏自己的真實感受。

這樣將人們分成兩類，取決於我的心情吧。我創造了一些讓自己難以相處的對象，因為我拒絕接受他們的一切。我必須正面、真誠地面對每一個人。

在比賽中失敗的現實，也對我窮追不捨。

比賽落敗不僅影響著整個團隊中的每個人，甚至連他們的家人都會感到沮喪。這種感受並不容易釋懷，輸掉比賽的夜晚，我會反思那些可能影響勝負的場面，責備自己是否該在那個時刻派出代打，或者是否疏忽了某個關鍵的投手換人時機。

為了避免重複類似的策略錯誤，分析比賽並進行反省是必要的。然而，結果無法改變。既然如此，我們只能將它們運用在下一場比賽。有時候應該專注於做好更完善的準備，但是無論如何都放不下結果，耿耿於懷；有時候輸掉比賽令人太過懊悔，遲遲無法重振心情。

無論面對何事，都要勇於面對。當下定決心接受一切時，或許解決問題的線索就會出現。

三方都好

三方良し

近江商人[4]從江戶時代活躍至明治時代，據說他們重視「買方好」、「賣方好」、「社會好」這種三方都好的精神。

若是提供受到人們喜愛的商品，累積利益，就造路、蓋學校。如果造橋鋪路，人們就方便外出購物。追求「社會好」，結果自己「賣方」也變「好」。據說為了讓社會變得容易居住，也孕育出「必須更努力工作」的

4 指日本的中世到近代（從鎌倉時代到江戶時代）活躍在近江國（今滋賀縣）的商人。

想法。這種發想應該是認為社會上下息息相關。

賣方（生產者）和買方（消費者）之間的雙贏關係，是很容易理解的。在這裡，將「社會」納入其中，成為「三方都好」的關鍵所在。

職棒是表演，所以會切身意識到「社會好」。如果沒有球迷，比賽就無法舉行，因此我們必須考慮球迷們需要什麼。

我就任總教練的第六年（二〇一七年），開始了之前從未做過的事。那就是在比賽輸球之後，從車裡向球迷揮手致意。

自從二〇一六年成為日本第一後，火腿隊二〇一七年的表現急轉直下，從開幕戰起，成績就一蹶不振。儘管如此，球迷仍對我們揮手，展現出加油的心情。我暫且放下「輸球還向球迷揮手是否合適？」的疑慮，決定回應球迷們的鼓勵。

石田梅岩是活躍於江戶時代的商人，他說：「真正的商人要先利人，後利己。」

正如「士農工商」身分制度所傳達的，對於賺取金錢的商業活動，人們普遍認為是卑劣的。然而，石田梅岩主張應該將顧客的利益放在優先位置，合法地、誠實地賺取金錢並非可恥之事，也不違背人道。他強調如果只有自己得利而忽視了他人的幸福，那這種做法是不會長久的，我們必須考慮到每個人的幸福。

人們努力工作的動力，是因為希望有人能夠幸福，並且期待看到自己的支持者，臉上露出笑容。如此一想，「三方都好」這種想法教導我，為了別人努力的意義。除了自己好之外，做到「選手好、球隊好、球迷好」這個三方都好，是我身為總教練的責任。

持身恭敬

敬を以て所と作せ

這句話引用自中國的經典《尚書》。

我們職棒球隊受到各位球迷支持。如果沒有各位球迷，職棒將無以為繼。

在賽後的「英雄採訪」（Hero Interview）中，火腿隊的選手們不會忘記對支持者的感謝之詞。無論何時、無論何人，他們總是口中不斷地說著「謝謝你們的加油！」說不定有人認為這是毫無感情的固定台詞。

絕對沒有那種事。

我們在札幌巨蛋舉行的比賽，倘若沒有任何觀眾前來觀賞——這是迄今為止從未發生過的情況，我們也希望將來不要發生。但是，如果真的發生了那樣的情況……。

比賽將變得非常無趣。正因為有粉絲們的支持，選手們才會振作精神展現最好的表現。直到九局下三人出局之前，他們發誓要全力以赴，甚至能夠實現在練習中辦不到的表現。

連我自己也從未忘記對球迷們的感謝。我深深地銘記著「請尊重你生活中的核心價值」這句話。

因此，有些時候我會感到非常抱歉。

在搭乘飛機和新幹線的移動過程中，經常有球迷要求我簽名或拍照。我想要對偶然遇見的對方，表達平日的感謝之情。若時間和地點許可，我希望多替幾位球迷簽名。

然而，在機場的登機口附近或車站的月台簽名，很可能無法僅為一、兩人簽名就結束。假如只為幾個人簽名，一起拍照，然後告知球迷「抱歉，到此為止」，沒能拿到簽名的人肯定會非常失望。

如果只是我一人受到責罵，倒是無妨。我無論如何都希望避免的，是扯職棒的後腿。遭到栗山拒絕簽名、無法一起合影，變質成對棒球相關者的失望和憤怒，會令我承受不了自責的念頭。

我替球迷簽名、一起拍照的機會有限，該對各位球迷表示何種「敬意」？該如何表現尊重和感謝的心情？

尋找答案並不容易，我相信這個問題也沒有唯一的答案。在這種情況下，我的任務就是竭盡全力贏得比賽，並為火腿隊的球迷和所有熱愛棒球的人，帶來新的興趣。

相較於我是棒球少年的昭和時代，現今的日本似乎擁有更多休閒娛樂選擇。以北海道的職業運動為例，有足球J聯盟的北海道札幌岡薩多隊、籃球B聯盟的北海道神風隊。冰上曲棍球也吸引著忠實的支持者，我聽說室內五人制足球和冰壺不止觀賽有趣，親自參與同樣令人興味盎然。

關於如何運用得以自由支配的休閒時間，除了體育運動外，看電影、聽音樂、購物、才藝學習等，應該都列入了候選名單。手機遊戲不只是孩子的玩具，大人也很熱中。

在這麼多選擇中，仍然有人支持著火腿隊。我希望能讓那些支持者感受到「棒球真的很有趣」的心情，並且將其視為必須實現的目標。

大壯利貞，大者正也，正大而天地之情可見矣

大壯は貞しきに利ろしとは、大なる者正しきなり。正大にして天地の情見るべし

無論何種球隊，狀況都有高低起伏。如果將其類比為商業人士的日常，就像有時候能夠取得令人滿意的銷售成績，但也會遇上什麼都不順利的情況一樣。

二〇一九年七月下旬，火腿隊從二十四日對戰歐力士猛牛隊開始，連續四場寫下二位數安打紀錄。和對方投手勢均力敵也是原因之一，而且打線氣勢如虹。不僅安打多，打線也連貫，該期間成績為三勝一敗。

接著是三十日對戰東北樂天金鷲隊的比賽。這是在主場札幌巨蛋三連戰的初戰。這場比賽對我們來說非常重要，但是卻被對方新秀弓削隼人壓制，只拿到了兩支安打，他以完封方式獲得自己職業生涯的首勝。我們以零比二吞敗。

由於投手陣只失了兩分，所以我們可以說是「投打不同調」。在賽後的採訪中，當我說著「唯有接受一切，好好去做。現在不是佇足不前的時候」時，腦海裡浮現出《易經》中的這句話。

「大壯」的意思是「壯盛浩大」，能用來形容這場比賽之前的火腿隊。可以說他們正處於勢頭上，狀態非常強勁。

不過，強勁的狀態不能變成「揚揚得意」。想著我很順利，無論做什麼都會成功。這將導致對周圍人缺乏注意，或是對他人的關心變淡。

在這種狀態下，我們可能失去謙虛心，無法細心留意細節。即使我們全力踩下油門，但或許會錯過該轉彎的路，更嚴重者甚至會發生事故。

在這場對戰東北樂天金鷲隊的比賽中，火腿隊的打線並未得意忘形。我們追逐著領先者，持續戰鬥，抱著必勝的決心進行比賽。

既然如此，這場敗仗具有什麼意義？

我認為它發揮了讓我們重新審視自己的作用。

在隔天三十一日的比賽中，我方攻克東北樂天金鷲隊的王牌——則本昂大，歷經激烈交鋒，以四比三贏得勝利。正因打者們徹底接受了前一天的教訓，並做出修正，這才取得了勝利。

當一切都順利時，我們並不需要強行停下來。然而，正因為處於良好狀態，我們更需要保持清醒，不讓自己迷失。對我來說，當球隊表現出色時，我會對自己的外表進行調整，保持整潔，對此我變得更加敏感。

人們常說隨著競爭水平的提升，勝負經常取決於細節。而在我看來，細節不僅僅局限於球場上，它可能還存在於其他方面。

第五章

共同

各位讀者或許從「共同」兩字，聯想到了並肩而行。

現代社會承認多樣性。我們接受不同的種族、宗教、性別、性取向、殘疾等，並在他人跌倒時伸出援手，在他人受傷時提供肩膀。我們感謝與自己生活在同一時代、同一地點、同一時間的奇蹟，並希望能與家人、朋友、同事、鄰居以及素未謀面的陌生人互助。

除了並肩前進，注視旁人的努力也很重要。

每個人達成目標的速度各有不同。有些人可以立刻找到答案，有些人可能需要花時間仔細思考，才能尋得正解。我們應該尊重每個人的步調，並非強迫那些努力奮鬥的人，而是以尊重的態度注視他們。當他們似乎迷失了方向時，可以輕聲提醒。在遠近合宜的距離給予支持，這也是一種共同前進。

無論是並肩前進，還是注視他人，我個人都充滿著「帶頭示範」的心情。如果我們自己都無法完成該做的事，就無法支持他人。僅僅給予「你應該這樣做」的建議，也不會有說服力。我相信，先從自己流汗開始，才是正確的做法。

尤其是身邊的人覺得「不想做、好麻煩」的事，我更想要自己率先舉手，自告奮勇。

如果有人在淋雨，我想遞出自己的雨傘；

如果有人被風吹，我想帶他去安全的地方；

如果人耐不住熱，我想將自己的飲水分給對方；

如果有人冷得發抖，我想為他穿上自己的大衣；

如果有人飽受責難，我想有難同當，減輕他的負擔。

孔子不要求人是全才。正因如此，他主張互相幫助很重要。

人的心情是看不見的。看來正在尋求幫助的人，可能實際上還有努力的空間；表面上看似充滿活力的人，也許在精神上感到迫切；被周圍人視為能力出眾、表現完美的人，也可能在背後努力地掙扎。

人與人之間的關係，沒有答案。很難，真的很難。

然而，我們沒有什麼好害怕的。我們應該珍惜「義」而非「利」，勇敢地面對人。我的支持能幫助你，你的支持能救助我。這一點是毫無疑問的。

短語對人很重要。人因短語而精神振奮

人間は短い言葉が大事だ。人間は短い言葉によって感奮興起していく

安岡正篤針對專注工作和學習的重要性，留下了許多金玉良言。我也不止一次地回顧著這段和話語相關的文字。

在第九局的關鍵攻擊中，假設有場面需要逆轉，這時候教練可能會給打者一些建議。這是多麼重要的打席，自不待言。打者全身上下充滿了

幹勁和鬥志。

在這種情況下，就算教練對打者說「這場比賽的結果就看你了」，打者也會覺得有些尷尬，因為他們心底明白得很；如果教練再說「對方投手的特點是……」之類的話，打者可能會感覺非常煩躁，希望教練趕緊讓他們打球。

在重要場面中，簡短的話語更為適宜。平日裡若能給予簡潔且恰當的建議，選手們的心中就會積累對重要時刻的應對心態。為了在他們心中留下一些東西，我們希望選擇簡單易懂、卻能撩動心弦的話語……但這並非那麼容易。

二〇一六年的例行賽快結束時，克里斯．馬汀（Chris Martin，二〇一九年為亞特蘭大勇士隊員）受傷了。身為無可取代的「終結者[1]」（closer），他的缺席可能會讓球隊陷入動盪。然而我不能對球員們隱瞞真相。

比賽前，我聚集選手們，開口說：「輸球也無所謂。總之，我們要打到底！」接著我又說了一些話，最後，我以「我們要贏！」結尾。

選手們高喊：「是！」回應我喊出的「我們要贏！」不過，據說我從狹窄的走廊走到板凳區後，選手們竊竊私語：「輸球也無所謂？一定要贏？到底是哪一個？」我讓選手們混亂了。回想起這件事時，我感到非常尷尬。

無論是「輸球也無所謂」或「我們要贏！」，都是我發自內心的吶喊。然而感性跑在理性之前，兩個自己在心中爭論。我無法取捨話語。

看在選手們眼中，我應該是個「卯足全力的大叔」。最近，我開始覺得這樣也挺好的。

我從上述失敗的賽前會議中，得到了教訓。當我個別和球員交談時，我會事先組織好故事，並使用簡短的語言。我一定會告訴每位球員「別對自己撒謊」、「不要成為那種輕率的男人，請堅持自己的決定並且全力以

1是接替於先發投手、中繼投手或布局投手之後、凍結比數的投手，早期也被稱為「救援投手」。

赴」。

要擁有能觸動聽者心靈的話語，必須閱讀書籍。

吉田松陰曾說過：「閱讀的人應該將其一半的精力花在筆記上。」這是因為只有通過寫作，這些知識才會真正融入心中。

乃知玄德已深遠

乃知玄德已深遠

《凌雲集》作為日本第一本敕撰漢詩集，編纂於平安時代前期[2]，這是其中的一句話。

德性有各種種類。「明德」是崇高顯明的德性，若以樹木比喻，它是樹幹、樹枝，也是花朵和葉子。

相對地，「玄德」是幽潛高深的德性。它相當於植物的根部。

2 平安時期，係指七九四年遷都平安京，至一一八五年鎌倉成為政治中心期間。

德性無法教授，也無法學習，而是要自行提升。

儘管我並不是在比較明德和玄德，但我自己希望提高玄德。我想珍視內心的誠實、謙虛、勇氣和意志。

《論語》教育學者——伊與田覺說：「棒球和足球的總教練成為『中人』即可。」他接著說：「優秀的球員不是優秀的教練，企業也是一樣，不能永遠讓屬下仰賴上司的本領。木工如果成為工頭，就必須捨棄自己的優秀本領。善用具有優秀本領的木工，反而才是工頭的工作。」

中人並非介於大人和小孩之間的人。「中」指的不是日文中的「なか」（中間），而是《易經》所謂的「中正」，這一點非常重要。中正是得中、當位，也就是採取合理的方法，使事情趨於完美。

就總教練這份工作而言，是要能夠藉由巧妙結合與自己思考方式不同的球員，創建一個相乘效應的組織。如果只是集結那些能夠適應總教練想法、執行總教練風格的球員，將不會有任何新事物產生。這是理所當然的——因為聽從栗山英樹指揮的球員，會追求栗山英樹認同的感覺。

由於雙方的價值觀接近統一，所以很難發生化學變化。

火腿隊這支球隊，透過ＦＡ（自由球員）制度和交易制度，積極地釋出主力選手。在我就任之前，就有讓身為頂梁柱的選手轉隊的歷史，同時允許透過入札制度，挑戰大聯盟。

相對地，大膽起用年輕有前途的選手，除了轉戰大聯盟的大谷翔平之外，二〇一〇年日本職棒選秀會第二名的西川遙輝、二〇一一年日本職棒選秀會第四名的近藤健介、二〇一四年日本職棒選秀會第一名的有原航平等人，都成長為球隊的核心人物。此外，二〇一七年從讀賣巨人隊轉隊過來的大田泰示，是透過交易制度輔強戰力的成功案例。

就總教練的立場而言，已經留下成績的選手們能夠安心起用。他們即使稍微狀況變差，也能自行修正。

另一方面，正在成長的才能也很迷人。二十歲前後的選手們有時候會經由一場比賽、一個打席、一球，讓才能開花結果。

無論是年輕選手、中堅選手或資深選手，他們都各有優點。即使是同年齡層，特色也依選手而有所不同。身為總教練，重要的是「如何讓聚集於火腿隊的選手們的實力壯大」。這種發想不是一加一等於「二」，而是等於「二．五」，甚至等於「三」。

伊與田還說：「只結合同質的事物，不會變成強大的力量。必須聚集許多具有異質特色的人，使其和諧，在人群中產生強大的作用。」縱然聚集一群非常優秀的人，也不會發揮加乘效果。除了跑攻守兼備的選手外，如果能夠巧妙中和僅擅長一項技能的選手，就會變成加乘效果，產生強大的力量。

太強必折

強くなりすぎれば必ず折れる

這是中國「武經七書」之一，《六韜》中的一句話。

「強大」和「脆弱」僅一線之隔。舉例來說，玻璃具有一定的強度，但如果超過了它的強度範圍，就會破裂；另一方面，海綿和橡膠雖然強度較低，但即使被擠壓，也能恢復原狀。

若是一直繃緊神經，往往會在某個時間點崩潰。而崩潰之後，要重新振作就非常困難。

如果將其應用於組織，過度的緊張狀態解除後會出現強烈的反彈效應。「太強必折」這句話或許就意味著「在弓折斷之前，該先放鬆」。

二〇一九年系列賽的五月底，火腿隊寫下了五連勝的紀錄。在打平一場比賽後，又取得了兩場勝利，接著在下一場比賽中以零比五輸掉了比賽。這是九場比賽以來的首次失敗。

我贏得過兩次太平洋聯盟優勝和一次日本大賽冠軍，三次奪冠有共通點。當然有我們使出全力而獲勝的比賽，但是對手兵敗如山倒的比賽也不少。

在我們掌握趨勢的情況下，內野滾地球穿越野手之間，或者起用的選手正好適合。無論做什麼都能順利進行；另一方面，希望阻止我們勢頭的對手則會陷入一種不同於以往的狀態，犯下錯誤或者過於緊張。由於我的指揮而獲勝的比賽，在一個系列賽中頂多一、兩場。

讓我們回到二〇一九年的賽季。即使在連續八場比賽不敗的當下，我也未曾對球員們說過「我們要繼續保持不敗」。這是因為盡可能減少情緒的波動，可以帶來更加穩定的戰鬥。儘管八場比賽的不敗成績值得讚賞，但實際上對於球隊來說，更重要的是在輸掉比賽的第二天取得勝利。這是因為即使中斷了不敗紀錄，選手們繃緊的心弦沒斷。

即使處於持續的緊張狀態，也有些人認為自己與此無關，而能夠發揮實力。我也欣賞那種能夠應對重壓而不動搖的性格，但是我更著眼於「脆弱」。

正因為脆弱，我們可以完成許多事情；正因為脆弱，我們可以變得更加善良，理解別人的痛苦，並且努力不懈地成為更強大的人。

強大的人、堅硬的事物，是否總是強過脆弱的人、柔軟的事物？絕對沒有那回事。有時候脆弱勝過強大，柔軟凌駕堅硬。

就心態而言，「強大」也未必是萬能的。

對照我自身的經驗，總覺得自認內心強大者一旦陷入困境，就會囿於焦躁的情緒。這應該是因為他們無法妥善消化理應強大的自己，所以變得軟弱。

而那些認為自己並不強大的人，可能有所不同。他們或許會說：「我本來就不強大，所以情緒起伏是正常的。這很普通。」他們能夠接受自己的脆弱。實際上，自認脆弱的人，可能在處理問題時更堅定自若；真正內心強大的人，通常不會過分展現自己的強大。他們能夠劃清真正強大和「逞強」間的界線。

我本身不是強大的人。身為職棒選手，也未曾功成名就。我自知有許多做不到的事，因此能夠面對選手的煩惱。

如果選手對我說：「總教練，我果然沒有棒球的天分，我無法打好棒球。」我會毫不猶豫地告訴他：

「不不不，有沒有天分沒關係。端看你努力與否。如果你能夠比別人多練習一百倍就行了。」

剛成為總教練的初期，我曾經考慮過不想將自己也做不來的事情、強加在球員身上。因為總想著「自己不是什麼厲害選手」的自卑感，讓我和球員間的交流產生了阻礙。

換句話說，也許我害怕了。我忌諱著被選手們認為：「總教練明明過去又不是了不起的選手，卻要求我們到那種地步？」我不想受傷害。

身為火腿隊的總教練，我的任務是帶領球隊，朝向太平洋聯盟、日本大賽的奪冠目標邁進。讓選手和工作人員，以及他們的家人，笑容滿面地迎接休賽期。回顧自己該完成的任務時，我意識到自己擔心被他人如何看待，只是微不足道之事。

我現在明白，「對選手盡心盡力，正是我身為總教練的使命。柔軟應對並非體貼。真正的體貼，是為了他們鞠躬盡瘁。」

追逐夢想如同挑重擔

夢を見ることは重荷を背負うこと

我經常著手進行某件事，過程中卻總是找藉口放棄。明明規定自己要閱讀三十頁，但今天工作很忙，就改成只看二十頁；有時候也會以「房間的燈泡壞了，今天不能讀書了」為由來安慰自己。儘管可以為了讓自己舒服而找出無數理由，但卻無法對自己說幾句振奮自身的話，這讓我多次感到失望。

松下幸之助被稱為經營之神，接觸到他的這句話之後，我多少改善了壞習慣。

要讓夢想停留在夢境中，還是將其變成現實，取決於自己。如果真的想要實現，就要不吝努力。盡你所能。

與其將下班後的時間用來休閒，不如用來學習，以便離實現夢想更近一些。即使要減少睡眠時間，也要坐在書桌前。我將松下幸之助所說的「重擔」，理解為捨棄對自己的驕縱，為了實現夢想，展現向前邁進的心理準備和決心。

火腿隊制定了外出用餐時的著裝規則。雖然這並不是什麼太誇大的規定，但我們禁止身著運動套裝（Jersey）和短褲。時值賽季期間的客場比賽，在下榻飯店的餐廳裡，也會以最基本的著裝集合。

運動套裝不行，但是牛仔褲可以？它們的差別為何？或許有人這麼想。

大多數的情況下，運動套裝兼作家居服，穿著起床的服裝前往早餐會場應該比較輕鬆。不過，有時候對於我們而言的舒適，卻會令第三者不愉快。

看到職棒選手身穿T恤、五分褲，走在飯店內的所有人，肯定心想：「真放鬆啊。」說不定看到的人會抱持「有點邋遢」的印象。為了避免壞了別人的心情，我們設下了避免過於放鬆的限制。

相較於其他球團，我認為火腿隊的自由度較高，也沒有晚上外出的門禁。完全取決於選手個人的自覺。

不過，所謂的組織，只要有一個小地方失序，整體就會分崩離析。我認為留意符合基本禮儀的服裝，是身為社會人士的禮貌、禮節，也是用來維持組織健全的必要條件。

做生意時，重要的是即使競爭，也要遵守道德

商売をする上で重要なのは、競争しながらでも道徳を守ることだ

這是《論語與算盤》的作者——澀澤榮一的名言。這本書將「利潤和道德的協調」作為重要主題。

進行經濟活動時，競爭固然重要，但是並非只要自己賺錢即可。如果獲得利潤，就要分配給員工，也要分配給公司所在的城市。澀澤的哲學是「為了自己以外之人，善用自身的才智，擴大笑容洋溢的人群」，這應該也能套用在職棒選手身上。

吉田輝星以二〇一八年日本職棒選秀會第一名加入球團，我在會後寒暄時交給他一本《論語與算盤》，並在封面周圍的留白處，附上簡短話語。

對於即將高中畢業並要成為職業球員的他來說，這本書的內容或許難以理解。他可能在閱讀過程中停滯，甚至無法讀完，最終將書放在架上，不再去碰它。

我心想，那也無妨。在生活中面臨的工作、家庭和友情問題，苦惱及痛苦，在一百年前、兩百年前、一千年前，本質上都是相同的。由於事物的定律不變，因此接觸普世價值觀具有意義。

澀澤的政治活動和經濟活動，皆無私心和私欲。

職棒選手也是一樣。如果沒有替選手準備制服和用具的工作人員，沒有替選手整備球場的人們，選手就無法站在球場上。

如果沒有裁判，比賽就無法進行；如果沒有坐滿觀眾席的各位球迷，比賽就會變得索然無味。正因為許多人花時間、流汗付出心力，職棒選手才能在球場上，發揮練習的成果。

選手必須在球場上和隊友齊心協力。也必須犧牲自我。當然，還要遵守規則打球。

如此一來，獲得的勝利才會讓家人、球迷幸福。賦予不知名的陌生人生活的活力。

無論是年薪幾百萬日圓的年輕選手，或者賺進數億日圓的大牌球星，邁向的都是「為了別人盡心盡力」這個共通的利益。能夠讓某個人開心，會成為打球時最大的原動力——這應該正是職棒球隊、職棒選手的理想型態。

感動是推動力

感動は推進力だ

這句話不是先人或偉人的名言，而是我個人一直在心中不斷複誦的一句話。

「感動」意味著「為之觸動」、「為之著迷」。在看電影、電視劇或接觸繪畫等藝術作品時，我們的內心會被打動。

我總是想要打動選手們的心。

感動是獲得內在動力的過程，是希冀和渴望變得勇敢的願望。簡單來說，就是即使遇到困難，也會堅持努力。

我如果能夠將自己的感動帶給選手，選手同樣會有「感」而行「動」。就像感動之間產生了連鎖反應，相互影響。

選手對感動的接受方式，各有不同。

有時我覺得自己只是給出一般性的指示或指摘，但選手或許會感受到責備。在球隊處於困境、選手狀態不好等情況下，他們的神經本來就比較緊繃，解讀話語的方式也會有所改變。猜疑和惡意可能會占據主導地位。

話語的含意，也會因為語調及音調而改變。我刻意保持冷靜、謹慎的語調，有時候會被對方解讀成冷淡。

言辭的運用真的很難。有人說，話語會在空間中留存。

如果我們口中說了別人的壞話或抱怨，不覺得現場的氛圍變得渾濁嗎？話語會黏附在空氣中，留存下來。

儘管我自己很少這樣做，但為了激勵對方奮發向前，有時用「如果你有話想說，先做給我看再說！」這樣的強烈語氣進行交談，確實是可行的。這就像一陣狂風，能吹走選手胸中迷亂的心情。

二〇一九年七月十二日舉辦全明星賽第一戰，我身為太平洋聯盟的教練參加。在這場比賽中，阪神虎隊的原口文仁在第九局作為代打上場，擊出了兩分全壘打。

他在一月公布自己罹患了大腸癌，經過手術和復健，六月回到了一軍。

光是如此就足以令人驚訝，沒想到他在全明星賽中擊出全壘打！在阪神虎隊的主場甲子園球場舉辦的第二戰中，原口將球擊向左側觀眾席。

我十分感動。我想，他帶給了正在和病魔奮戰的患者，以及各式各樣的人勇氣和活力。我重新感受到棒球之神賦予一心努力的選手力量。

我擔任火腿隊的總教練，到二〇一九年系列賽是第八年。有許多選手和我長期往來，但我是否觸及了他們的真心……？

我能夠想像他們現在的狀態，同一時間也會心想，他們「實際上可能不是這樣吧？」人的心靈非常廣闊深沉，而且展現出微妙的變化。如果我們一味斷定「他現在就是這樣的」，彼此的內心就無法產生共鳴。

若懷抱私心，球員很快就會察覺。如果考慮著「我想讓這位球員這樣做，就能為身為教練的我獲得名聲」，那麼便無法觸動對方的心靈。是否能為球員帶來前途——這才是唯一的行為準則。

坦然表現內心，絲毫不難為情。我即將步入花甲之年，在高中畢業的新星面前哭泣也無妨。相較於強調形象或打造外表，這樣的行為更像是真正的我。

感動流淚會讓人蓄積力量、爆發力量。火腿隊的前台工作人員告誡我「請別在人前哭泣」，但是我希望大家允許我流下感動的淚水。

身為人，不信守自我承諾者最沒用

人間たるもの、自分への約束を破る者がもっともくだらぬ

這是江戶幕府末期的思想家——吉田松陰的名言。

二〇一八年十一月二十三日，在札幌市內的飯店舉辦了新加入球團選手的記者會。面對我們的八名新夥伴，我給了他們一本書。這是一本收錄各領域成功人士生活方式和故事的短篇集。我請他們讀完後，在空白處

寫下「對自己人生的承諾」，並希望他們在入住選手宿舍時攜帶這本書。

我不是要他們寫下「想要成為哪一種選手」、「想要度過哪一種球員生涯」，而是「對自己的承諾」，這是為了讓他們釐清在痛苦時能夠重返的初心。

加入球團記者會可說是成為職棒選手的儀式。眾人在舞台上一字排開，回答記者的問題，相機閃光燈閃個不停。在這段緊張的時光裡，年輕選手們的心中充滿了能夠成為職棒球員的喜悅、對照顧過自己的人們的感謝、今後要努力下去的大志。若要將身為職棒選手的「初心」銘記在心，這可說是絕佳的時間點。

吉田輝星以日本職棒選秀會第一名加入球團，是在夏季甲子園獲得亞軍的人才。然而，據說他的父親勸他升學。

對於高中生來說，父親的話應該具有極大的分量。「進大學念書吧」，當吉田聽到這句話時，他可能一直在構思並推翻假設，不斷重複這個過程。

儘管如此，他下定決心挑戰職棒。為了避免忘記打從心裡對父母和恩師的感謝，我希望他寫下「人生承諾」。

選手加上總教練，我置身於職棒的世界二十多年，做為體育主播，接觸了各種競技項目的運動員。基於這項經驗，我發現了最優秀的運動員和取得世界級成績的選手之間的共通性。

那就是他們會堅定地完成自己所決定的事情，也會堅守自己訂立的約定。

大谷翔平在大聯盟第一年獲得新人王，在效力火腿隊時就已擁有所謂的「自我規則」。他從不做對棒球有害的事情，從未做任何損害自己的事情。而且，不僅為了自己，他對球隊的勝利也投入了同樣的熱情。

職業棒球的世界，就像一片狂風肆虐的荒野。情感可能被磨損，也可能四分五裂。

八人寫下的「人生承諾」，想必會成為一盞在黑暗中照亮腳邊的明燈。當然，除了他們之外，我自己決定的事情同樣不會動搖。

惜福、分福、植福

惜福、分福、植福

幸田露伴是歷經明治、大正和昭和時代，在文壇確立地位的小說家。他曾說過：「討論福氣和運氣，感覺並不怎麼高尚，但人拚命努力、吃苦是為了獲得福氣，所以針對福氣思考，並非壞事。」同時，他也說：「幸福和不幸並非偶然造成，它們是自己的作為招致，假如失敗，一定要怪罪自己。」這意味著為了讓福氣上身，必須律己而活。

幸田露伴指出了三種「福氣」。

第一種是「惜福」。

有些人感歎自己運氣不好。然而，俗話說「人有七次運氣」。無論是否真的有七次，但沒有人從生到死都不曾被幸運眷顧。我認為，那些扭扭捏捏表示「我沒有運氣」的人，是未能感受到自己的運氣。他們將自己與他人進行比較，並判斷自己「這點幸運程度，還不夠好」。

惜福是指不浪費所擁有的幸福，保留一部分，感謝過去降臨在自己身上的幸運，以感激的心態度日。

對於棒球人而言，惜福的代表例子是珍惜用具。

如果成為年薪好幾億日圓的選手，用具要買多少都買得起。如果和體育廠商簽約，則根本不必自己花錢，就能夠獲得新商品。

話雖如此，這是否意味著可以不重視球具的保養，頻繁更換新品呢？遺忘了對球具的重視，可能導致在重要時刻被球具背叛——掉落原本應該收進手套裡的球，或是球棒突然斷裂，這種情況都可能發生。

第二種是「分福」。指的是將自己所擁有的福運，與別人分享，而不是獨自享受。也就是放棄「只要自己好就行」的想法。《韓非子》中的信賞必罰——給予有功勞者相應的獎賞，也算是分福的一種。領導組織者，切勿忘記分福的心態。

我個人認為，也有精神上的分福。

當一支球隊贏得比賽時，對勝利或失敗有直接影響的球員都會走上舞台。擊出決勝全壘打的打者和獲得完投勝利的投手會成為當天的英雄，接受採訪。

我認為，能夠身為那一天的英雄，面對麥克風的選手當然表現優異。不過，之所以在得分機會輪到打擊順序，是因為自己之外的打者在前面鋪路；之所以能在比賽中擊出全壘打，是因為有打擊教練的建議，而且餵球投手在比賽前，投了幾十球；有調理狀況的醫療人員、平日為了管理身體狀況，煞費苦心的妻子。該感謝的人不止一、兩位。選手連名字也不知道的幕後人員，每天為了球隊流汗。

站上舞台的選手，真的受到許多人支持。我認為，分福也包含不忘感謝這些人的心情，透過話語確實傳達。

二〇一九年七月二十日，渡邊諒、宇佐見真吾、清宮幸太郎三人，被安排接受比賽後的英雄採訪。

在以零比零邁入四局下的進攻時，渡邊敲出帶有打點的先制安打。他說：「前輩們在前幾局鋪路，讓我方居於優勢，我想要設法回報他們，站上了打席。」宇佐見在同一局擊出帶有打點的安打，也說：「我在各位替我鋪路的情況下，想要設法撐到最後，擊出了適時安打。」從「鋪路」這兩個字來看，他們沒有獨占「運氣」。

清宮寫下了第四分的適時安打紀錄。他說道：「這是兩出局之後連續安打，輪到我的打席，所以我只專注於回報先前的隊友，進入打席。」訴說了對隊友的感謝。此外，這支安打是睽違三十三打席的安打，但他在這裡再次展現了分福的心意。

「當我擊出安打時，板凳上的大家為我高興，前來支持我的人們也給予了熱烈的歡呼，這是我最開心的地方。」

我一個人完成不了任何事情，我們都相互支援著。一個將這些情感融合在一起的組織，即使颳風下雨，也能站穩腳跟，堅守陣地。

惜福和分福，是因應福氣上門的處理態度，它們是被動的應對方式。但除此之外，也有主動吸引福氣的方法，那就是「植福」。

幸田露伴以蘋果樹為例。用心培育樹木，使它活得久是惜福；將長出的果實分給鄰居是分福；而播種栽培新的蘋果樹則是植福。

新的蘋果樹在結果之前，即使順利生長也要花上五年。播種的本人或許無法品嚐到那棵樹長出的蘋果。儘管如此，仍然創造自己的子孫能夠繼承的財產。在創造福氣的意義上，這就是植福。

當然，光是生產物品不算植福。傳達好的想法或好的行為，應該也算植福。替對方著想的建議和忠告，是在對將來播種。

若盡力避免獨占福氣，便能轉化為具體的行動。儘管自己本意是惜福，但實際上或許還能再多留下一些；將福氣分享給下屬，但自己可能獲取了太多；給予下屬建議，卻因為不想讓自己的工作被取代而猶豫不決——在行動的背後有反省，進一步還有更多的自我修煉，成長為更好的自己。

這三種福氣的共通點是，排除了「獨善其身」的想法。我相信，追求為他人奉獻的喜悅，才是我們生存意義的所在。

去除幼稚心態

稚ち心しんを去る

邁入二〇一八年系列賽時，我將「去除幼稚心態」列為關鍵字之一。橋本左內是江戶時代末期的志士、思想家，這是收錄於《啟發錄》的志願，意味著「若不捨去幼稚心態，無論做什麼都不會進步」。

若將「消除幼稚」套用在棒球上，對我來說就是「率領球隊時不受私利私心左右」，並要求球員們從「追求球隊勝利」的角度採取行動。

舉例來說，移動日是否練習，我讓球員自行判斷。可以活動身體，也可以用於休養。因為選手的狀況各不相同，我希望他們以在隔天以後的比賽中，能發揮最佳表現為前提，自主思考。

基本上，我不會以規則和處罰來束縛選手。例如，設立罰金制度來對付遲到，或許會讓球員誤以為可以花錢彌補過錯。而當球員因高額罰款受到媒體報導時，可能會被一般觀眾誤解成過於傲慢或草率。

可能會有球員犯下破壞球隊內部紀律的過錯，關鍵是要避免重蹈覆轍。為此，我們更著重於詢問球員的內心，而不是僅僅透過罰金等表面手段。

如同橋本左內所言，妨礙人成長的是「孩子氣的心態」和「未能完全成熟的心態」。簡單來說，「任性」是很多問題的根本原因。當自己的意願未能實現、出現失誤、遭受批評時，就可能變得衝動直言。

職棒球隊這個組織若擁有成果，就能壯大「成熟的心態」。選手會「為了球隊著想」，毫不猶豫地犧牲自我，發揮實力。

困難的時刻就是低潮時期。成績不理想時，原因便會浮現出來，在輸掉的比賽中，投手可能被打得很慘、打者也可能打不中球、甚至有選手犯下導致失分的錯誤，這些問題都將清楚顯露。雖然不至於責怪單一選手犯錯，但累積的敗戰會逐漸消磨「下一場比賽非贏不可！」的鬥志，球員的自我本位情緒會逐漸升高。

面對成績不佳時，該如何激發「成熟的心態」？我希望能建立一支靈活有力、擁有承擔能力和堅忍耐力的球隊，避免幼稚心態的出現。

做或不做

やるか、やらないか

這不是引用自文獻，而是我自身重視的想法。

無論身為選手或總教練，我都缺乏亮眼的成績，一路走來，全心全意面對棒球。我一直認為，像我這種不成熟的人能夠做的，只有對棒球竭盡忠誠。

竭盡忠誠這一點，如今依舊沒變。除此之外，我開始思考：「為了棒球，我能夠做什麼？」我知道自己不自量力，但是或許可以秉持「我要改變棒球。絕對要改變它」的心態，面對棒球。

我並不認為自己這樣微不足道的存在，能真正改變什麼。但如果真的想要改變，我會進一步學習，下更多功夫。相較於謙卑地自問「自己算哪根蔥」，我認為不如樹立更遠大的志向，最終也許能為棒球界帶來回報。我鼓舞自己，「廢話少說，試著去做，在擺出姿態前先行動吧」。

重要的是「做或不做」。

孔子曰：「吾十有五而志於學，三十而立，四十而不惑，五十而知天命，六十而耳順，七十而從心所欲，不踰矩。」

十五歲立志向學；三十歲確立學問的基礎；四十歲不再迷惘；五十歲參透天命；六十歲聽到什麼都不為所動；到了七十歲之後，即使隨心所欲地行動，也不會違背道理。

在二〇一八年日本職棒選秀會指名的八人中，五人是高中生。這並不是基於編組球隊的目標，而是結果變成如此。

我個人總覺得「那也是必然的」。想要指名的選手和其他球隊重疊，實際上，第一名指定的第一輪競爭激烈。這種情況下，穿上火腿隊制服的選手們，或許命中注定被這支球隊吸引。

除了在二〇一八年日本職棒選秀會被指名的選手們外，還有許多前途無量的選手都隸屬於火腿隊。能幫助年輕選手成長的中堅選手、資深選手也很可靠。

培育選手，獲得勝利。獲得勝利，再培育選手。

重點不是能否做到這一點，而是非做不可。

君子疾沒世而名不稱焉

君子は世を没して名の称せられざるを疾む

突如其來的訃聞，令我為之語塞。

二〇一九年七月三十日，引領平成競馬界的「大震撼」（Deep Impact）往生。據說是因為頸椎骨折，施行了安樂死。

這匹名駒在日本國內頂級的G1賽中寫下七勝紀錄，是日本史上第二匹不敗三冠馬。其繁養地點位於北海道勇拂郡安平町，距離我家所在的栗山町，車程約四十分鐘。

為了向大震撼學習，我曾於二〇一六年一月拜訪過社台牧場。我對牠壓倒性的勝利姿態深感著迷，明知道自己問不到答案，卻仍然開口詢問牠「該如何取勝？」

不過，相關人士告訴了我大震撼的事。據說牠從出道前就很認真，而且品種優良，真的是一匹熱愛奔跑的馬。

我心想：「喔，果然如此。」

當我以火腿隊總教練的身分站在球場上時，我感覺就像棒球之神在問我：「你打從心底喜歡棒球嗎？」

在棒球運動中，經常會出現一些你無法控制的巧合。如果打擊順序輪到這名打者，我們就能因為他和某位投手的良好化學反應而得分——在這樣的場景下，打擊順序是否輪到我們期望的打者，除了和選手的實力有關，也關乎他對棒球的熱情。我認為，真正熱愛棒球並且比別人努力的球員，更有可能贏得比賽，同時發揮積極作用。

在二〇一六年一月與大震撼見面後，我從隔年開始每年一月都會前往拜訪牠。這成為了我幸福的例行公事。

儘管我們之間無法對話，但光是觸摸牠毛色美麗的身體，手掌感受牠的體溫，我就感到幸福。感覺牠彷彿在說「很高興見到你」，歡迎我前來。

大震撼在超過十萬名觀眾的目光中，面對競賽，喚起賽馬迷心中的歡喜之情，並且明白自己在他們心中的地位——牠甚至可能知道自己該做些什麼，才能讓人開心。我確信牠知道。

在聽聞大震撼去世後，我的腦海中浮現了許多言語。當我打開記憶的抽屜，或翻閱筆記時，都能找到許多與大震撼生活方式相稱的詞語。

我從中選擇了《論語》中的「君子疾沒世而名不稱焉」。

我並不是想說，大震撼這樣的名駒追求讚譽。我認為牠或許希望能為社會留下一點有益的東西，不在乎受到表揚，只希望不受人詬病。

和大震撼一樣，我希望在這個世界上出生的意義，是能完成自己的天命。

天時不如地利，地利不如人和

天の時は地の利に如かず。地の利は人の和に如かず

二〇一九年七月二十八日，在對戰埼玉西武獅隊的比賽中，我們在延長賽第十局被對手擊出致命的得分，以落敗告終。

有一瞬間掌握了比賽的趨勢。九局上以四比七，追到三分差，近藤健介擊出了同分的三分全壘打。第八局獲得一分，第九局獲得三分，再以

一支三分炮追到七比七同分，「能贏！」這種氣氛在球員休息區瀰漫開來。

然而，就在第十局，中島卓也在一個不幸的瞬間發生失誤，讓對手得到第八分。

選手們在第八局、第九局挺住，打線追到同分。這時，我覺得「今天是我必須讓選手們獲勝的比賽」。

在媒體的報導中，採用了「令人飲恨的再見一擊失策」這種說法，但是中島的表現不過是導致失分的「點」。即使考慮到之前被擊出安打的情況，這場敗戰並不完全是他的責任。如果我們能在十局上得分，或許十局下的防守就會有截然不同的發展。

比賽後，我被記者包圍時表示：「最後決定勝負的方式或許是錯的，但是所有選手拚命打球。因此，內容精采無比，這是一場非常棒的比賽。」我接著說：「輸球是我的責任。抱歉。」我當然不是在向記者道歉，而是在向選手們道歉。

孟子曰：「天時不如地利，地利不如人和。」我之所以一面反省這場比賽，一面在筆記本寫下這句話，是因為選手們在比賽後的舉止。

沒有半個選手責怪犯錯導致失分的中島。大家熟知中島平常努力的身影，我總覺得大家看到了中島垂下肩膀的背影，接受了這場比賽的結果。

孟子說，做為組織成功的條件，第一是人和，第二是地利，第三是天時。

這場比賽輸球，終止了四連勝。儘管如此，如果我們能夠藉此重新認知「人和」，那麼這場比賽就是有失也有得的一戰。

我認為，唯有在輸球的比賽之後，人的本質才會浮現。這是因為能擠進職業棒球這道窄門的，多數都經歷過勝利的選手。即使是放諸全國未曾取得好成績者，他們在地方上也都享有知名度。

換言之，經歷敗戰的選手並不多。正因如此，火腿隊這支球隊能夠體恤犯錯的選手，互相扶持、產生明天再加油的氣氛，是我的驕傲。這和《論語》中的「己所不欲，勿施於人」也有關，它告誡我們切勿對他人做出自己討厭的事。

我想要贏得比賽，但不會浪費輸球。輸球之後，仍然勇敢面對明天。

這一天，我自己同樣深受鼓舞！

結語

一般而言，職業運動的總教練這個職業從簽約的瞬間起，就開始離開球隊的倒數計時。

以日本職棒為例，總教練離開球團的方式有各式各樣。有的案例是契約屆滿，脫掉制服，有人保留契約辭職。也有人是在系列賽進行到一半，和球團討論，以休養的形式選擇離開。

二〇一二年，我就任火腿隊的總教練後，經歷過順利的系列賽和困難的系列賽。即使最終的結果每年不同，但我最後總是思考如何成為日本第一。

二〇一六年成為了日本第一，從此之後，一直以此為目標，二〇一九年系列賽苦吞九連敗和八連敗；二〇一七年，寫下了六連敗和十連敗這個不名譽的紀錄，自此屢戰屢敗。

一旦誤闖連敗這個隧道，「今天是否也會輸」的氣氛就會籠罩球隊。若被對手球隊先制、逆轉，工作人員和選手都會忍不住嘆氣。即使不說喪氣話，球隊的士氣也難以提振。

內心充斥著「必須擊出安打」、「必須壓制對方」、「必須守住」的情緒，但是心有餘而力不足，使得選手們的心情緊繃，身體僵硬。發生平常不可能犯的錯，拚了命試圖力挽狂瀾卻引發另一個錯誤。對戰對手利用我方的疏失，一再得分。

沒有選手不想贏。他們隨時都一心一意地以勝利為目標。儘管如此，苦吞連敗在許多案例中，可說是因為每一位選手身上的責任感，未能連成一條線。「齒輪沒有咬合」這種形容或許也很貼切。但最重要的是，身為總教練的我自身能力不足。

我心裡念著「明天一定會贏，務必贏得比賽」，帶著這番想法離開了球場，接著再次走進球場時，我又想著「今天一定會贏，絕對會贏得比賽」。我希望賽後能看到球員和工作人員笑容滿面，並且回報給幕後支持的人們。為了達成這個目標，我全力以赴，充滿決心地換上球衣，但同時也意識到內心充滿了不安。坦白說，我曾經嘗試過極度痛苦的境地。

這時，我總覺得棒球之神問我：

「你真的、百分之百覺得今天能贏嗎？」

「當然。」我在心裡回答。於是，棒球之神又問我：

「你真的、真的覺得能贏嗎？其實心裡是不是抱持著說不定會輸的恐懼？」

棒球之神為何反覆確認我的心情？

「認真地活著」——痛苦時，有幾本書總是讓我獲得救贖，稻盛和夫的這句話浮上心頭。我能夠稍微接近代表日本的知名經營者嗎？可是，如今的我距離他未免太遙遠。

即使躺在床上也很淺眠，早上起床也被無法言喻的倦怠感襲擊。儘管如此，我還是讓自己振奮起來，但是……冒出自我辯護的念頭，讓我意識到自己的不足。

火腿隊之所以會輸，是因為對手球隊的總教練比我更一心一意地致力於棒球。我的天真顯現於結果。目前為止的努力不夠，所以必須更嚴厲地鞭策自己，拚命努力。

我之所以能夠擺脫偏內向的思考，是拜持續書寫的筆記之賜。

透過重讀、咀嚼寫在白色頁面上的許多話語，讓它們滲透身體，我得以面對痛苦。我領悟到二〇一九年系列賽嘗到的痛苦，一定具有意義。先人們的話語、教導、生活方式，成為了我的心靈支柱。

在體育、工作以及人際關係的建立中，無論何種創造過程，總是伴隨著痛苦和煩惱。這些痛苦和煩惱可能是輕微的，也可能是重大的；可能是長期的，也可能是短暫的。但每個人都會面臨某種形式的痛苦和煩惱。

《易經》中有這樣一句教訓：「窮則變，變則通。」這意味著當情況走到極致時，必然會發生變化，新的發展即將開始。

正是通過克服痛苦和煩惱，我們才能創造出某種成果。新的自我、新的組織、新的友誼也將因此產生。

因為有了痛苦、煩惱、悲傷和痛苦等，我們才能相信好事會接踵而來。唯有面對負面事件，才能開闢前進的道路。

《論語》中收錄了孔子的名言「三十而立，四十而不惑」。這意思是指到了三十歲，學問的基礎已經奠定，能夠自立；到了四十歲，不再迷茫。然而，我在二十九歲之前是一名職業棒球選手，三十歲展開了第二職涯，但並沒有建立起學問的基礎。頂著體育主播這個頭銜，我遇見了許多不同領域的人們，進行交流，得到了很多教導和領悟，在這過程中獲得了作為社會人士所需的知識和技能，同時重新審視身為棒球選手的自己。

一九八三年，我以「選秀外入團」的自培方式，加入養樂多燕子隊，自次年起，我過著奮鬥的日子。我的隊友們都是擁有天賦的勇者。我高中時代並未活躍於甲子園，大學時代也沒有在東京六大學棒球聯盟中受到關注，因此我深刻地意識到自己是多麼的微不足道。

一天結束，太陽下山之後，我的心情像是塗上了墨汁一樣，變得一片漆黑。我害怕在明天的練習中，看見自己和隊友的實力差距。不，是害怕自己的水準之低擺在眼前，徘徊於絕望的深淵。

我接受二軍總教練和教練溫暖但嚴厲的指導，也在家人的鼓勵支持下，得以在加入球團第一年的系列賽尾聲，在一軍打球。第二年之後和梅尼爾氏症奮戰，但是在一軍上場比賽的次數增加了。

我對於這九年的職業生涯沒有後悔。然而，當我重新回顧那段時期，我對於當時是否真的如自己所說的那麼認真投入棒球，心中充滿了疑問。儘管我在奮鬥、煎熬著，全身心地投入其中，但感覺自己心裡總是留下了一條退路。

在東京學藝大學取得了教師資格，父母勸我當教師。我本身也覺得教師這份工作很吸引人。或許正是因為這個原因，心中就產生了「如果退役，當教師就好了」的念頭。

我時常看著火腿隊的選手，想起當時站在第一線的自己。雖然我當時拚命努力，但是看在如今五十八歲的自己眼中，熱情還差一點，略顯不足。我懷疑自己當時是否以「今天是最後一天能夠打棒球，所以要使出渾身解數」的心情在應戰。

年輕球員們還有時間成長。然而，擁有時間並不意味著只需將練習應付得「差不多就行了」。不浪費每一天，端正態度，這樣才能取得進步。這也是對那些幫助過我的人的一種回報。

我總在自問：是否真的已經全力以赴了？是否真的對工作投入了足夠的熱情？——我看著年輕選手們，自己也不斷地自問自答。

寫這篇稿子的時間點，是二〇一九年例行賽剩下十多場比賽時。當時苦吞九連敗和八連敗，令我對身為總教練的自己打上問號。

如果我只是給球隊、工作人員和球員帶來困擾，那我應該辭職；然而，如果我在這支球隊上還有值得做的事情，繼續下去就有意義。我在這兩種想法之間搖擺不定。

我深深覺得，自己真的能力不足。對於自己的無力感到懊悔，內心甚至湧現對自己的憤怒。只因為栗山英樹這個總教練的能力不足，無法幫助火腿隊的選手們。我沒有提供每個球員充分發揮實力的環境。

另一方面，我也感謝二〇一九年系列賽嘗到的痛苦和心痛。《論語》收錄了「學則不固」這句話。我的解讀是「若不持續學習，腦袋就會僵固。透過學習，視野變寬，產生靈活的發想，能夠擁有許多選擇。」

二〇一九年系列賽真的很痛苦，不止一次精神上被逼得走投無路。

無法贏得比賽，也就是遇到困難或不順利時，這是最好的學習機會。我們會客觀地面對自己的不足和學習的欠缺。我接受了這一事實：我應該感謝這樣的成長機會，讓我能夠掌握為員工和球員帶來喜悅的方式——這是我所接受的事實。

或許我這樣說會被批評，但我感覺自己在某種程度上保持了自我。

由於能力不足，痛苦是當然的。如果全是好事降臨，我反而會心想：「這樣真的好嗎？」於心不安。

為了不浪費任何一場勝利或失敗，我會根據自己的方式回顧比賽，等情緒平靜後會打開筆記本。因為我給球隊帶來了麻煩，所以心裡一直想著必須做些什麼。

我想，人無論到了幾歲，都能改變。

我本身即使過了四十歲，也無法消除迷惘；縱然到了五十八歲，仍然無法擁有一顆泰然自若的心。正因如此，我留意磨鍊自我。

我之所以受到先人的話語鼓勵，抄寫在筆記本上，也是因為接觸到中國經典著作《禮記》中「失之毫釐，差之千里」這句話。我相信「積小流，終成江海」，所以持續努力增加自己能做的事情，就像把薄薄的紙一張一張疊起來一樣。

在擔任火腿隊總教練八年的日子裡，我逐漸感受到增加自身能力的努力，擴展自己的心量，都是作為一個人的責任。我將這稱之為自我磨鍊。

為什麼應該進行自我磨鍊呢？因為人不能獨自生活，我們生來是為了為他人提供幫助。與家人、朋友和同事緊密相連，共同支持著彼此的生活。因為能讓別人感到快樂，這成為人生中最大的喜悅。

親人的一個微笑，一句感激的「謝謝」，就能讓人瞬間消除對金錢、對控制、對自我表現、對物質等的欲望。

《論語》教導我們「君子有成人之美」，在我看來，我們應該完善自己，讓我們所愛之人也能擁有一顆美麗的心。

如果看到某個人開心的表情，接下來該做的事、必須做的事、非做不可的事就很清楚。我下定決心，必須隨時提升自我。

無論是致力於運動或讀書的學生、剛出社會的新鮮人、過著退休生活的人，應該都能讓某個人開心。

比起過程，世人更以結果評價職業運動的總教練。我自覺到這是個嚴酷的競爭社會，從二〇一二年就任起，每天全力衝刺。為了讓總教練生活無論何時結束都不會後悔，我留意自我磨鍊。

如果可以的話，我願意做任何事。撿起掉在眼前的垃圾，也是不折不扣的美好行為。沒有社會地位、名譽、學歷等任何事物介入的行為，才會使我們的社會更光明，讓人們笑逐顏開。

感謝您讀完這本書，真的非常感謝。我雖然經驗有限，想法也未必成熟，但如果我的一些經歷和思考能對您有所幫助，這真是一件令人開心的事情。

人生仍大有可為。

我總是真心替您的人生加油。

二〇一九年九月六日

寫於札幌巨蛋　栗山英樹

栗山筆記：一生受用的經典閱讀法 / 栗山英樹作；張智淵譯. -- 第一版. -- 臺北市：遠見天下文化出版股份有限公司, 2023.08 -- (財經企管；CB803)
譯自：栗山ノート
ISBN 978-626-355-339-2(平裝)
1.CST: 成功法 2.CST: 自我實現
3.CST: 人生哲學
177.2 112011530

財經企管 CB803

栗山筆記：一生受用的經典閱讀法

栗山ノート

作者 —— 栗山英樹
譯者 —— 張智淵

總編輯 —— 吳佩穎
社文館副總編輯 —— 郭昕詠
校對 —— 陳佩伶、魏秋綢
封面攝影 —— 野口 博（flowers）
照片提供 —— 達志影像
封面及內頁設計 —— 初雨有限公司
內頁排版 —— 簡單瑛設

出版者 —— 遠見天下文化出版股份有限公司
創辦人 —— 高希均、王力行
遠見・天下文化・事業群榮譽董事長 —— 高希均
遠見・天下文化・事業群董事長 —— 王力行
天下文化社長 —— 王力行
天下文化總經理 —— 鄧瑋羚
國際事務開發部兼版權中心總監 —— 潘欣
法律顧問 —— 理律法律事務所陳長文律師
著作權顧問 —— 魏啟翔律師
社址 —— 臺北市104松江路93巷1號

讀者服務專線 —— 02-2662-0012 | 傳真 —— 02-2662-0007；02-2662-0009
電子郵件信箱 —— cwpc@cwgv.com.tw
直接郵撥帳號 —— 1326703-6號　遠見天下文化出版股份有限公司

製版廠 —— 中原造像股份有限公司
印刷廠 —— 中原造像股份有限公司
裝訂廠 —— 中原造像股份有限公司
登記證 —— 局版台業字第2517號
總經銷 —— 大和書報圖書股份有限公司 | 電話 —— 02-8990-2588
出版日期 —— 2023年 8 月10日第一版第1次印行
2024年 5 月29日第一版第4次印行
定價 —— 400元

ISBN —— 9786263553392
EISBN —— 9786263553521 (PDF)；9786263553514 (EPUB)
書號 —— BCB803
天下文化官網 —— bookzone.cwgv.com.tw